Liebe Mütter, liebe Väter,

als Eltern tun Sie alles, damit aus Ihren Kindern gesunde, zufriedene und selbstständige Erwachsene werden können. Eine wichtige Rolle spielen dabei auch das Vorlesen und gemeinsame Lesen. Beides ist für die Entwicklung von Kindern genauso förderlich wie gesunde Ernährung oder Bewegung! Außerdem gibt es fast nichts Schöneres für ein kleines Kind als mit Mama oder Papa zu kuscheln und dabei die neuesten Abenteuer ihrer fantasievollen Helden zu hören. Vorlesen schafft eine Atmosphäre von Vertrauen und Geborgenheit und stärkt die Bindung zwischen Eltern und Kindern. Damit es von Anfang an gelingt und allen Spaß macht, haben wir hier einige Tipps für Sie zusammengestellt:

Nehmen Sie sich Zeit
Schenken Sie Ihrem Kind beim Vorlesen Ihre volle Aufmerksamkeit, Ruhe ist dafür sehr wichtig. Die Vorlesezeit kann zu einem geliebten Ritual werden, wenn sie regelmäßig stattfindet, zum Beispiel kurz vor dem Schlafengehen, um den Tag gemeinsam ausklingen zu lassen.

Lesen Sie stimmungsvoll vor
Wenn Sie Ihre Stimme und Vorlese-Lautstärke der Handlung anpassen, erhöhen Sie die Spannung und den Zuhör-Spaß. Sprechen Sie laut, deutlich und so langsam, dass Ihr Kind Ihnen gut folgen kann.

Fördern Sie die Konzentration Ihres Kindes
Indem Sie Fragen zur Geschichte stellen, ermuntern Sie Ihr Kind, ganz genau hinzuhören. Zum Beispiel: Was ist da passiert?

Regen Sie zum Nachdenken an
Beziehen Sie durch Fragen die Alltagserfahrungen Ihres Kindes ein. Zum Beispiel: Ist dir das auch schon einmal passiert? Was würdest du machen?

Lassen Sie Ihr Kind kreativ werden
Regen Sie Ihr Kind an, die Geschichte weiterzuerzählen oder ein Bild dazu zu malen.

Wir wünschen Ihnen und Ihren Kindern wundervolle gemeinsame Momente.

Ihre

Weitere Lese- und Medientipps gibt es auf www.stiftunglesen.de

Die Wunschfee

Die Wunschfee

56 Geschichten zum Vorlesen und Träumen

ullmann medien |um|

Gesamtherstellung: Ullmann Medien GmbH
Rolandsecker Weg 30
53619 Rheinbreitbach

Umschlaggestaltung: Stefanie Jung, Potsdam
unter Verwendung eines Motivs von Regine Altegoer

www.ullmannmedien.com

Alle Rechte vorbehalten

Inhalt

Geschichten von Tieren und Abenteurern
Johanna Friedl/Vanessa Paulzen und Regine Altegoer

- 12 Die Traumfee
- 15 Das Affen-Abenteuer
- 19 Ein Sonntag im Park
- 22 Das kleine Zicklein
- 25 Die Walddetektive
- 28 Ausgeschlüpft
- 30 Schnirkel Schnecke
- 32 Der kleine Maulwurf
- 34 Im Bärenwald
- 37 Urwaldparty
- 40 Die Gummibärchenmama
- 43 Billi, der Seeräuber
- 46 Lilli und das Kätzchen
- 49 Der rote Flitzer
- 52 In der Waschanlage

Gutenacht-Geschichten
Sabine Kalwitzki/Hildegard Müller

- 56 Knuddelbär und Hoppelhase
- 60 Der gute Mond
- 64 Der Schatz der Meereskönigin
- 68 Sternenwinter
- 72 Die Nacht der Geschichten
- 76 Die Wunschfee

Geschichten zum Wundern
Sabine Kalwitzki/Hildegard Müller

- 82 Zauberblumen
- 85 Das kleine Apfelwunder
- 88 Kleiner Indianer
- 90 Hasenträume
- 93 Sturmgeschichte
- 96 Maus und Bär
- 100 Die Zaubermurmel

Traumgeschichten
Maja von Vogel/Vanessa Paulzen

106 Wir heben den Piratenschatz
108 Die Perlen der Prinzessin
111 Familie Wildschwein
114 Mal ist es warm, mal ist es kalt
116 Hoppels großer Tag
119 Wo ist die goldene Kugel?
122 Teddy gesucht!
124 Hokuspokus, aufgeräumt!
127 Auf dem Bauernhof
130 Spukunterricht im Geisterschloss
134 Bei Oma ist es gar nicht still
136 Der Vorkoster des Königs
138 Riechen ist klasse!
141 Glückwunsch, kleiner Bär!

Kuschelgeschichten
Milena Baisch/Sven Leberer

146 Mia schnurrt
149 Unter Wasser
152 Das Kuschelbuch
156 Aua!
160 Nils und sein Schnuffeltuch
164 Das liebe Gespenst
168 Der Drache und die Maus
172 Ringo, der Pinguin
176 Ein richtiges Kuscheltier

Dschungelgeschichten
Annelies Schwarz/Michael Schober

182 Bongola findet einen Freund
186 Die Schlange
190 Das Spiegelbild
194 Gewittersturm
198 Die Falle

Geschichten von Tieren und Abenteurern

Die Traumfee

Mitten im Wald liegt still und klar der schimmernde Traumsee.

Und an seinem Ufer lebt, verborgen im dichten Schilf, die Traumfee. Noch nie hat ein Mensch die Traumfee gesehen, aber die Tiere, die am See wohnen, kennen sie gut. Denn jedes Jahr nach dem langen Winter, wenn der Schnee endlich geschmolzen ist, veranstaltet die Traumfee ein Fest für die Tiere am See. Gemeinsam wollen alle den Frühling begrüßen und versammeln sich am Seeufer. Und wie jedes Jahr soll es einen Wettlauf für die Tiere geben. Wenn es ihnen gelingt, miteinander den ganzen See zu umrunden, geht für jedes Tier ein Traum in Erfüllung. Allerdings bleibt ihnen für den Lauf nur so lange Zeit, wie sich der Mond im Traumsee spiegelt.

Die Tiere warten ungeduldig, bis die silberne Scheibe des Mondes am Himmel erscheint und beim ersten Glitzern auf dem See machen sie sich auf den Weg.

Die Enten watscheln schnatternd vom Ufer ins Wasser

und schwimmen – wie die Fische und die Biber – eilig los. Sie dürfen den See im Wasser umrunden.

Der alte Fuchs schleicht langsam auf allen vieren durch die Büsche nahe dem Seeufer und beobachtet dabei die Enten. Auf jeden Fall will er vor ihnen am Ziel ankommen!

Auch die Schmetterlinge, die Bienen und die Hummeln starten gemeinsam. Während die Bienen und Hummeln sich sehr beeilen, tanzen die bunten Schmetterlinge durch die kühle Nachtluft und vergessen dabei immer wieder die Zeit. Deswegen summen die Bienen und Hummeln um die Schmetterlinge herum und treiben sie zur Eile an.

Die Vögel aber beobachten das ganze Geschehen von oben, während sie selbst mit ruhigem Flügelschlag rund um den Traumsee fliegen.

Die Ringelnatter kriecht ganz versteckt mit ihrer Familie durch das Schilf am Seeufer.

Am Traumsee leben natürlich auch viele Tiere, die es niemals alleine schaffen könnten, den ganzen See zu umrunden. Die Schnecke zum Beispiel könnte sich noch so sehr beeilen, ihr würde es doch nie gelingen, in einer Nacht um den ganzen See zu kriechen. Auch die kleinen Käfer und die Spinnen würden es nicht schaffen.

Aber daran hat die Traumfee natürlich gedacht. Und so dürfen sich die größeren Tiere, die ihre Runde um den See bereits geschafft haben, zusammentun und die kleineren Tiere ein Stück weit auf ihrem Rücken tragen.

Tatsächlich gelingt es auf diese Weise allen Tieren rechtzeitig, den Traumsee zu umrunden, bevor der Mond hinter den Bäumen verschwunden ist und der See im Dämmerlicht daliegt.

Die Traumfee hält ihr Versprechen: Jedem einzelnen Tier erfüllt sie am Ende der Nacht einen ganz besonderen Traum. „Habt ihr auch einen gemeinsamen Wunsch?", fragt sie dann lächelnd. Und wie jedes Jahr rufen die Tiere: „Wir wünschen uns neue Geschichten!"

Dann kuscheln sie sich zusammen und lauschen der Traumfee, bis sie alle nach und nach eingeschlafen sind und schöne Träume träumen.

Das Affen-Abenteuer

Ticki ist ein kleiner Schimpanse und lebt mit seiner Schimpansenfamilie mitten im tiefsten Urwald. Dort, wo die Bäume fast bis in den Himmel reichen und so dick sind, dass kein Mensch sie umfassen kann.

Der kleine Schimpanse Ticki klettert oft von früh bis spät mit seiner Familie in den dicken Urwaldbäumen herum. Doch eines Tages, als der kleine Affe keine Lust mehr zum Klettern hat, beschließt er einfach, alleine den großen Urwald zu erkunden.

Aber das ist gar nicht so leicht, denn Tickis Mama liebt ihr kleines Äffchen sehr. Und deshalb passt sie auch gut auf, dass das Schimpansenkind immer in ihrer Nähe bleibt.

„Wenn ich mich ganz winzig klein mache, dann sieht Mama mich vielleicht gar nicht, und ich kann unbemerkt davonschleichen", überlegt Ticki. Und schon liegt der kleine Affe flach auf dem Boden und kriecht lautlos wie eine Schlange über den weichen, dicht bemoosten Urwaldboden.

„Das Moos fühlt sich kuschelig an", denkt der kleine Affe gerade, als er über sich die Stimme seiner Mutter hört: „Was ist denn los, Ticki? Suchst du etwas auf dem Boden? Hast du etwas verloren?"

Das Schimpansenkind erschrickt und steht schnell wieder auf. Natürlich erzählt Ticki seiner Mama nicht, dass er so dicht über den Boden gekrochen ist, weil er ausreißen wollte!

„Ich muss mir etwas Neues ausdenken!", beschließt der kleine Affe. Schon im nächsten Augenblick hat er eine Idee: „Ich schleiche mich einfach rückwärts davon! Und wenn ich jemanden kommen sehe, verstecke ich mich blitzschnell hinter einem der mächtigen Bäume."

Gesagt – getan. Ticki kann wirklich fast bis zum Rand der Waldlichtung rückwärtsgehen, ohne dass ein anderer Schimpanse bemerkt, dass er sich immer weiter entfernt.

Die ganze Zeit passt Ticki gut auf, damit er beim Rückwärtslaufen nicht stolpert. Deshalb ist er auch ganz überrascht, als plötzlich hinter ihm – oder eigentlich ja vor ihm – ein lauter Schrei erklingt: „Pass auf, Ticki, gleich fällst du über die riesige Wurzel dort!"

Der kleine Affe ärgert sich: Schon wieder hat seine Mama gemerkt, dass er sich heimlich davonschleichen will! Aber es stimmt, beinahe wäre Ticki wirklich über die Wurzel gestolpert, die er ohne Mamas Warnung nicht rechtzeitig gesehen hätte. Zusammen mit seiner Mama zerrt der kleine Schimpanse so lange an der großen Wurzel, bis sie schließlich niemandem mehr im Weg liegt.

Ticki ist vom Ziehen an der Wurzel so erschöpft, dass er plötzlich gar keine Lust mehr zum Ausreißen hat. Viel lieber klettert er auf seinen Lieblingsbaum und kuschelt sich gemütlich in eine Astgabel.

Ticki träumt ein wenig vor sich hin. Er möchte so gerne eine Möglichkeit finden, doch noch erfolgreich auszureißen. Er überlegt lange, doch dann ist sich Ticki sicher: „Ich werde es wie alle anderen Ausreißer machen. Ich renne einfach so schnell wie ein Blitz davon. Dann kann mich keiner aufhalten." Der kleine Affe ist sich sicher, dass es so klappen wird, klettert vom Baum und

rennt gleich los. Er rennt und rennt, so schnell er nur kann.

Die Bäume sausen nur so an Ticki vorüber und er entfernt sich immer weiter von den anderen. Für einen Moment blickt er sich um und niemand ist hinter ihm zu sehen. Doch gerade in diesem Augenblick landet Ticki in den weit ausgebreiteten Armen seiner Mama.

Ticki atmet noch einmal kräftig ein und aus und lacht dann. Mit einem Mal weiß er ganz genau, dass er nirgendwo auf der Welt lieber sein möchte als in den Armen seiner Mama. Und den Urwald erkunden, das können die beiden auch gemeinsam!

Ein Sonntag im Park

Am Ufer des Baches, wo das Gebüsch besonders dicht ist, lebt ganz versteckt eine Entenfamilie in ihrem gemütlichen Nest.

Drei kleine, flauschige Entenküken kuscheln sich Tag und Nacht ganz eng an ihre Mutter und ihren Vater.

Es ist schön im Entennest, doch die Küken Tappsi, Wackel und Quaki sind bald schon so groß, dass sie die Entenmutter einmal auf einem Spaziergang begleiten wollen.

„Nimm uns mit, Mama!", bettelt Quaki immer wieder.

Und schließlich ist es so weit: Laut schnatternd läuft die Entenmutter voraus und die drei kleinen Küken dürfen, schön in Reih und Glied, hinter ihr herwatscheln. Tappsi, Wackel und Quaki müssen sich beeilen, denn die Entenmutter ist wirklich schnell! Kein Wunder, dass Tappsi, das tollpatschigste der kleinen Küken, stolpert

und einfach auf dem Bauch landet.
"Wartet, wartet!", schnattert Tappsi aufgeregt, rappelt sich aber schnell wieder auf und watschelt tapfer weiter bis zum Park.

Auf ihrem langen Sonntagsspaziergang kommt die Entenfamilie an einer Parkbank vorbei, neben der das Küken Wackel etwas Leckeres entdeckt.

"Mmh, Brotkrumen!", freuen sich die kleinen Enten und beginnen aufgeregt zu schnabeln. Ehe sich die Entenmutter versieht, ist nicht das kleinste Krümelchen mehr übrig.

Vergnügt setzen die vier Enten ihren Ausflug fort. Aber es dauert gar nicht lange, da fängt Tappsi an zu schnattern und zu schimpfen, weil sie nicht immer hinter den anderen herwatscheln möchte. Doch Quaki und Wackel wollen nicht tauschen, denn keins der Küken mag Letzter sein. Also rennt Tappsi einfach schneller und drängelt sich an den anderen beiden vorbei. Eine wilde Schubserei beginnt, weil jetzt alle Küken um den besten Platz direkt hinter ihrer Mutter kämpfen.

"Hört auf und benehmt euch!", schimpft die Entenmama schließlich, und schon watscheln die Entenküken wieder brav hintereinander weiter.

Bei ihrem Weg über die Wiese schnuppern die drei mal hier an einer hübschen Blume oder mal dort an einem duftenden Strauch – bis Tappsi eine aufregende Entdeckung macht: Drei Standbilder stehen mitten auf der Wiese auf hohen Sockeln.

Neugierig betrachten die Küken die Männer aus Stein.

Tappsi schnattert: „Das kann ich viel besser! Ich kann sogar auf einem Bein ganz still stehen!" Und schon macht sie sich ganz groß, hebt ein Bein an und breitet ihre Flügel aus. Tatsächlich gelingt es dem Küken, eine ganze Weile ruhig auf einem Bein zu stehen.

Wackel und Quaki machen es ihr natürlich gleich nach.

Die Entenmama schnattert und beobachtet gespannt, welches der drei Küken wohl am längsten still auf einem Bein stehen kann.

In diesem Augenblick kommt der Entenpapa angewatschelt. Alle sollen nach Hause, bevor es dunkel wird. „Schnell, schnell!", beendet er den Wettbewerb, noch ehe eins der Küken gewonnen hat.

Es dämmert bereits, als sich im Nest am Ufer des Baches alle Enten dicht aneinanderkuscheln. Tappsi, Wackel und Quaki schließen schläfrig ihre Augen und träumen schon vom nächsten Ausflug, den sie bestimmt bald unternehmen werden.

Das kleine Zicklein

Hinter dem alten Bauernhof auf der großen, grünen Wiese wohnen die Ziegen: die schnelle Ziegenmama, der starke Ziegenpapa und die kleinen, lustigen Zicklein.

Morgens, wenn die Sonne aufgeht und ihre ersten Strahlen über die Baumwipfel auf die Wiese schickt, schlafen alle noch tief und fest. Doch sobald die warmen Sonnenstrahlen sie an der Nase kitzeln, öffen die Ziegeneltern nacheinander ihre Augen. Der Ziegenpapa und die Ziegenmama recken und strecken sich zuerst einmal ausgiebig. Dann stupsen sie ihre kleinen Zicklein vorsichtig wach: „Määh, steht auf! Es duftet nach einem herrlich sonnigen Tag und nach viel Spaß!"

Und schwups! – sind die kleinen Ziegen auch schon auf den Beinen.

Stupsi, das älteste der Zicklein, springt um seine Geschwister herum und die beiden wissen sofort, was das bedeutet: Stupsi will einen Wettlauf zum Futtertrog machen!
„Auf die Plätze, fertig, los!", ruft er da auch schon.

Wie der Blitz sausen alle los und versuchen immer wieder, einander zu überholen. Doch die drei Zicklein kommen genau gleichzeitig am Trog an.

Es dauert gar nicht lange, bis die kleinen Ziegen gefrühstückt haben und sich wie jeden Morgen neugierig auf den Weg machen, um die anderen Tiere vom Bauernhof zu besuchen.

Auf dem Weg zum Schweinestall müssen Stupsi und seine Geschwister den Hof überqueren.

An einer besonders matschigen Stelle hat der Bauer ein Brett auf den Boden gelegt. Ist das ein Spaß, darüberzubalancieren! Kaum sind die kleinen Ziegen auf der einen Seite angelangt, laufen sie schon wieder über das schmale Brett zurück. Zuerst geht es tatsächlich gut und die drei schlüpfen immer wieder vorsichtig aneinander vorbei – doch mit einem Mal liegt Stupsi mitten im Matsch. Meckernd kugelt er auf dem Rücken umher und steht ganz schnell wieder auf. Stupsi schüttelt sich – iiih, wie der Schlamm aus seinem Fell spritzt!

Genau in diesem Moment kommen die Schweine aus dem Stall und rennen laut quiekend auf die kleinen Zicklein zu, um sie aus ihrem Revier zu vertreiben.

Eine wilde Jagd über den Hof und die Wiese beginnt: um den Schubkarren herum, unter dem Heuwagen durch, über den Misthaufen, um ein paar Büsche und schließlich um die Scheunenecke herum zurück zu den Ziegeneltern am Futtertrog.

Hier sind die Zicklein in Sicherheit, denn der Ziegenpapa beschützt seine Kinder mit einem lauten Meckern vor den Schweinen.

Stupsi und seine Geschwister wollen sich heute lieber nicht mehr so weit von den Eltern entfernen. Deshalb spielen die drei Fangen auf der Wiese. Und immer, wenn die Ziegenmama die kleinen Ziegen ruft, laufen sie schnell wieder zu ihr zurück.

Bis die Sonne hinter den Baumwipfeln untergeht, springen die Zicklein auf der großen Wiese umher.

Doch auch die lustigen kleinen Ziegen müssen sich einmal ausruhen. Ein letztes Mal meckern alle im Chor und dann kehrt Ruhe ein auf dem Bauernhof. Die Zicklein schließen ihre Augen und schlafen endlich ein. Gute Nacht!

Die Walddetektive

Die beiden kleinen Wildschweine Borste und Schnüffel liegen am Waldrand und dösen ein wenig in der Sonne. Hin und wieder, wenn sie nur ganz leise atmen, können sie die Rehe über die Lichtung huschen hören – oder das leise Klopfen eines Spechtes in den Baumwipfeln. Im geheimnisvollen Dämmerlicht des Waldes klingen selbst bekannte Geräusche aufregend und manchmal auch ein bisschen unheimlich. Plötzlich schrecken Borste und Schnüffel hoch: Was war das denn? Ein lautes Jammern und Heulen dringt aus dem Unterholz zu ihnen herüber.

„Ob jemand Hilfe braucht?", fragt Borste und ruft in den Wald hinein: „Ist da jemand?"

Doch niemand antwortet. Nur noch ein leises Wimmern ist zu hören.

„Sollen wir mal nachsehen?", flüstert Schnüffel aufgeregt.

Borste nickt nur und schon schleichen die beiden kleinen Wildschweine vorsichtig in den Wald. Als Schnüffel ein lautes Knacken hört, zuckt er erschrocken zusammen.

Borste kichert. „Das war doch nur ein trockener Ast, du alter Angsthase!", sagt er angeberisch zu seinem Bruder.

Trotzdem schleichen die beiden noch vorsichtiger weiter. Borste und Schnüffel schauen jetzt immer zuerst auf den Waldboden, damit sie nirgendwo drauftreten und selbst so wenig Geräusche wie möglich machen. Manchmal bleiben sie auch stehen und blicken sich suchend und lauschend um. Doch weit und breit können die beiden Walddetektive nichts entdecken. Immer tiefer schleichen Borste und Schnüffel in den Wald hinein.

An einem breiten Graben, über den nur ein schmaler Baumstamm führt, schauen sich die beiden kleinen Wildschweine an.

„Sollen wir da wirklich drübergehen?", fragt Schnüffel ängstlich. „Da ist doch bestimmt nichts. Komm, lass uns wieder umkehren!"

Genau in diesem Moment sind wieder diese unheimlichen Geräusche zu hören. Was immer das ist, es muss ganz in der Nähe sein, denn dieses Mal klingt das Jammern und Wimmern viel lauter als zuvor. Borste und Schnüffel können gar nicht anders, sie müssen weitersuchen!

Der Baumstamm, der über den Graben führt, ist feucht und ein wenig rutschig. Deshalb müssen die beiden Wildschweine besonders vorsichtig sein, um nicht in den Graben zu rutschen. Doch schließlich erreichen sie die andere Seite.

Hier wachsen dichte Büsche und nur über einen großen Stapel aus Baumstämmen scheint ein Weg aus dem Dickicht hinauszuführen. Also klettern Borste und Schnüffel vorsichtig darüber und lassen sich ebenso vorsichtig und leise auf der anderen Seite wieder heruntergleiten. Forschend blicken sich die beiden um.

Noch einmal erklingt das fremde Geräusch ganz in ihrer Nähe. Und nicht weit entfernt erkennen sie eine kleine Lichtung.

Leise wie echte Detektive schleichen sie näher. Und dann – entdecken beide gleichzeitig den kleinen Dachs, der im Eingang seines Baus feststeckt. Jammernd und wimmernd versucht er, sich zu befreien.

Jetzt gibt es kein Halten mehr für Borste und Schnüffel. Schnell laufen sie zu dem kleinen Dachs, um ihn mit ihren Wildschweinnasen freizubuddeln.

Der kleine Dachs bedankt sich bei den beiden und sagt mit rotem Kopf: „Da hab ich heute Morgen wohl ein bisschen zu viel gegessen, was?"

„Macht nichts", sagt Borste großzügig.

Schnüffel nickt und meint zufrieden: „Hauptsache, wir haben den Fall gelöst!"

Ausgeschlüpft

Seit vielen Wochen schon brütet die Dinosauriermama auf ihrem Ei, während der Dinosaurierpapa für sie die saftigsten grünen Blätter von den Bäumen pflückt, die er nur finden kann.

Eines Tages aber, als die Dinosauriermama gerade ein Nickerchen machen will, spürt sie unter sich eine leichte Bewegung. Sie hält ganz still und tatsächlich bewegt sich das Ei gleich wieder. „Endlich ist es so weit!", sagt sie froh. „Heute wird mein Baby endlich schlüpfen." Die Dinosauriermama beobachtet das Ei ganz genau, bis ein kleiner Riss in der Schale zu sehen ist, der schnell größer wird.

Schließlich bricht die ganze Schale auf. Ein kleines Dinobaby streckt den Kopf hervor und schaut seine Mama mit großen Augen an. Es reckt und streckt sich und bald schon steht es auf seinen kleinen Beinen. Noch ein wenig wackelig versucht das Dinobaby seine ersten Schritte.

Doch hoppla, was war denn das? Dino ist über einen Stein gestolpert.

Neugierig dreht er sich um und schnuppert daran. Als der Stein ein Stückchen wegrollt, entdeckt Dino sein erstes Spiel. Immer wieder stupst er den Stein an und rennt ihm nach. So lange, bis er den Stein vor die Füße seiner Mutter gekugelt hat. Jetzt spielt der kleine Dino gemeinsam mit seiner Mama. Hin und her rollen die beiden den Stein, bis Dino von dem Spiel genug hat.

Dino sieht sich neugierig um und macht schon wieder eine spannende Entdeckung. Ein langes Etwas liegt am Boden, ganz in seiner Nähe. Das muss Dino unbedingt näher betrachten.

Aber sosehr er sich auch bemüht, das seltsame Etwas entkommt Dino immer wieder. Wie ein Kreisel dreht sich Dino schneller und schneller im Kreis, bis er schließlich erschöpft auf seinen Po plumpst.

„Aber Dino", erklärt ihm seine Mama, „das Etwas, das du fangen willst, ist doch dein eigener Schwanz!"

Dino überlegt erstaunt, aber schon beginnt der Spaß von Neuem: Jetzt versucht er, den Schwanz seiner Mama zu erwischen. Und natürlich hört Dino mit der aufregenden Jagd erst dann wieder auf, als er ganz außer Atem ist.

Die Dinomama nimmt ihr erschöpftes Baby in die Arme. „Komm, Dino, ruh dich ein bisschen aus. Das war ein anstrengender erster Tag für dich!"

Schnirkel Schnecke

Schnirkel, die kleine Schnecke, wohnt im schönsten Gemüsegarten weit und breit, direkt am Gartenzaun. Meistens schläft sie. Dazu kriecht sie ganz tief in ihr Schneckenhaus und niemand kann sie sehen.

Ganz ruhig liegt sie in ihrem Haus und hört und sieht nichts.

Nur hin und wieder, wenn die Sonne heiß auf ihr Haus brennt, wacht die kleine Schnecke auf, weil sie durstig ist.

Ganz gemächlich und langsam kriecht Schnirkel aus ihrem Haus heraus und blickt sich vorsichtig in alle Richtungen um.

„Oh, bin ich hungrig!", sagt die kleine Schnecke und macht sich auf, um einen fetten Salatkopf zu suchen. Ganz langsam kriecht Schnirkel durch den großen Gemüsegarten.

„Ich muss doch bald da sein", denkt Schnirkel, aber das große Salatbeet ist noch nicht zu sehen. So knabbert die Schnecke einfach ein bisschen hier und ein bisschen dort.

Und dann hat Schnirkel endlich das Beet mit dem saftigen Salat gefunden. Sie setzt sich mitten in den dicksten und schönsten Salatkopf.

Der Salat schmeckt frisch und knackig und die Tautropfen auf seinen Blättern funkeln in der Sonne.

„Oh, wie lecker das schmeckt! Etwas Besseres ist mir noch nie untergekommen. Einfach köstlich!", schmatzt die kleine Schnecke.

Erst als Schnirkel schon fast platzt, macht sie sich ganz bedächtig wieder auf den Heimweg. Stück für Stück kriecht sie zurück zu ihrem Lieblingsplatz beim Gartenzaun.

Die Schnecke blickt sich noch einmal in alle Richtungen um, gähnt ausgiebig und zieht sich dann wieder in ihr gemütliches Haus zurück.

Der kleine Maulwurf

Tief unter der Erde arbeitet der Maulwurf Grabolino. Mit seinen Freunden hat er dort schon zahllose Gänge und Höhlen gegraben.

Nur hin und wieder, wenn man ganz genau hinsieht, kann man auf einer Wiese eine Spur von Grabolino und den anderen Maulwürfen entdecken – wenn ein Maulwurfshügel aus dem Gras ragt.

Gestern Abend aber hat es über der Wiese einen gewaltigen Gewitterregen gegeben.

Das Wasser ist in die Erde gesickert und hat in den Gängen des kleinen Maulwurfs jede Menge Unordnung angerichtet.

Grabolino möchte deshalb ganz schnell wieder gründlich aufräumen. Mit der spitzen Nase voraus sucht er zuerst einmal nach seinem Schlafplatz.

Aber sosehr der Maulwurf auch seine Schnauze in die feuchte Erde bohrt, er kann den kuscheligen Platz einfach nicht mehr finden.

Es hilft alles nichts, hier muss wirklich gründlich Ordnung geschaffen werden! Grabolino legt los und befördert mit seinen Grabschaufeln viele Ladungen Schlamm und Schmutz aus seinem unterirdischen Bau.

Manchmal drückt Grabolino die lose Erde an den Wänden seiner Gänge fest, damit nicht ständig Schmutz von oben auf ihn fällt.

Hin und wieder kriecht Grabolino ein Stück rückwärts, um sich an einer Stelle, wo er schon genügend Platz geschaffen hat, ein wenig auszuruhen.

Aber bald buddelt Grabolino wieder tüchtig weiter.

Puh, endlich hat der kleine Maulwurf seine Schlafhöhle gefunden. Herrscht hier vielleicht ein Durcheinander! Grabolino weiß genau: Er muss noch einmal an die Arbeit und Ordnung schaffen, erst dann kann er es sich gemütlich machen. Schnell bringt er alles an den richtigen Platz zurück.

Und endlich, endlich hat der kleine Maulwurf es geschafft. Seine Schlafhöhle ist wieder ordentlich – und er kann sich ausruhen.

Im Bärenwald

Im großen, dunklen Bärenwald lebt Brummi, der kleine Bär, mit seinen Eltern in einer gemütlichen Bärenhöhle.
Es ist noch ganz früh am Morgen und die Sonne noch nicht aufgegangen, aber Brummi ist schon lange wach. Auf keinen Fall kann er noch mal einschlafen. Vorsichtig stupst er seine Eltern an, damit sie auch endlich wach werden und mit ihm spielen.

Aber die Bäreneltern schlafen tief und fest. Brummi denkt nach. Seine Eltern haben ihm zwar verboten, die Bärenhöhle allein zu verlassen, doch Brummi kann einfach nicht mehr warten, bis die beiden Schlafmützen aufwachen. „Hinaussehen wird ja wohl erlaubt sein", denkt er sich und streckt seine Nase aus der Höhle und schaut sich erst einmal in alle Richtungen um.

„Wenn ich nur ein paar Schritte vor die Höhle gehe, schimpfen Mama und Papa bestimmt nicht mit mir", überlegt der kleine Bär. Und schon setzt er eine Tatze nach der anderen vor die Höhle.

Ein hübscher, bunter Schmetterling flattert um Brummis Nase herum. Der kleine Bär kann gar nicht anders – er muss dem Schmetterling einfach beim Tanzen zusehen!

Brummi bemerkt gar nicht, dass er aufsteht und hinter dem flatternden Schmetterling herläuft. Weiter und immer weiter entfernt sich der kleine Bär von der Bärenhöhle.

Als der Schmetterling hoch in die Luft fliegt, schaut sich Brummi um: Weit und breit ist keine Bärenhöhle mehr zu sehen. Der kleine Bär macht sich schnell auf die Suche. Mal läuft er in die eine, dann wieder in die andere Richtung, doch die Höhle kann er nicht finden.

Traurig setzt sich Brummi auf einen alten Baumstamm neben einen großen Busch. „Dann bleibe ich eben hier sitzen, bis Mama und Papa mich finden", beschließt Brummi, denn er ist ganz sicher, dass seine Eltern ihn sofort suchen werden, wenn sie aufwachen.

Und tatsächlich hört er ein Geräusch, das langsam näher kommt und immer lauter wird: „Sch-sch-sch." Ob das seine Eltern sind? Doch nein, es ist nur die alte Blindschleiche, die langsam an Brummi vorbeischleicht.

Der kleine Bär wartet wieder geduldig, als er plötzlich ein leises „Tipp, tipp, tipp" hört. Brummi weiß sofort, dass das nicht seine Eltern sein können. Und da sieht er auch schon den kleinen Käfer, der hastig an ihm vorbeikrabbelt.

Im nächsten Augenblick – „hoppeldihoppeldihoppel" – hoppelt ein kleiner Hase flink den Weg entlang.

„Wenn doch nur meine Eltern endlich kommen würden!", denkt Brummi, als er wieder ein Geräusch vernimmt: Ein kräftiges „Tapp … tapp … tapp …" kommt näher.

Neugierig dreht Brummi sich um und im nächsten Moment entdeckt er hinter dem Busch – seine Mama! Schnell wie der Wind rennt der kleine Bär los und springt in die weit ausgebreiteten Pfoten der Bärenmutter.

So bald will Brummi seine Mama und die gemütliche, sichere Bärenhöhle nicht mehr verlassen!

Urwaldparty

Wie immer kommen die Tiere auf der großen Lichtung zusammen.

Tarara, der älteste Papagei des Urwalds, hat bisher noch keine Urwaldparty versäumt. Er flattert wie jedes Jahr auf den höchsten aller Urwaldbäume und beobachtet von dort genau, wie die anderen eintreffen.

Sina Kobra, die lange Schlange, kriecht als Erste aus einem entfernten Winkel des Urwalds langsam auf den Festplatz zu. Und ihre Freundin, Sana Kobra, schlängelt gleich hinter Sina her.

Olaf Strauß ist ein richtiger Spaßvogel, deshalb darf er auf keiner Party fehlen. Drei Schritte vor, zwei Schritte zurück, springt er auf die Lichtung zu. Und als Erster beginnt er sogar zu tanzen.

Olaf Strauß bemerkt gar nicht, dass Peter Panther eintrifft. Wie es seine Art ist, schleicht der Panther leise und unauffällig herbei und klettert auf einen ruhigen Beobachtungsposten, auf den Baum direkt neben Tarara.

Natürlich entgeht den beiden nicht, wie die kleinen Käfer alle zusammen angeflogen kommen. Die riesengroße Käferfamilie kann wirklich keiner übersehen!

Der nächste Besucher, Bimbo Elefant, wird sowieso nie übersehen. Seine stampfenden Schritte hallen schon durch den Urwald, lange bevor Bimbo selbst zu sehen ist.

„Halt, warte auf mich!", ruft Zeta Zebra, seine beste Freundin, und kommt eilig hinter dem Elefanten hergaloppiert.

Immer mehr Partybesucher treffen gleichzeitig auf dem Festplatz ein. Flatternde Schmetterlinge, auf allen vieren rennende Affen, springende Antilopen.

Wenig später folgen die schwerfälligen Bären und ganz langsam – im Schneckentempo – kriechen zwei Schnecken den Weg entlang.

Als die Sonne langsam untergeht, schreitet Leo Löwe,

der König des Urwalds, stolz und erhaben auf die Lichtung. Er blickt ruhig in die Runde, bevor er sich majestätisch mitten auf dem großen Platz niederlässt.

Alle blicken den Löwen erwartungsvoll an und durch ein gnädiges Kopfnicken gibt er endlich das Zeichen, dass die Urwaldparty beginnen kann. Ausgelassen und fröhlich feiern und tanzen nun alle Urwaldtiere eine ganze Nacht lang – bis zum Sonnenaufgang.

Die Gummibärchenmama

Die Gummibärchenmama ist, und das weiß jeder Bär, das größte aller Gummibärchen. Und sie hat unendlich viele kleine Gummibärchenkinder, in Rot, Gelb, Weiß und Orange, die ihr überallhin folgen. Jeden Tag.

Bis eines Tages ein schreckliches Gummibärchenunglück geschieht – und ein kleines, rotes Gummibärchen verloren geht.

Da setzt sich die Gummibärchenmama auf den Boden und weint ganz bitterlich. Sie weint und weint, bis ihre Augen vom vielen Weinen ganz rot sind. So rot wie das kleine Gummibärchen, das sie so schrecklich vermisst.

Ein kleiner Spatz kommt vorbeigeflogen und hat Mitleid mit der Gummibärchenmama. Er beschließt, einfach so zu tun, als wäre er das kleine, rote Gummibärchen.

Der Spatz kuschelt sich zärtlich an die Gummibärchenmama, doch die sagt gleich: „Oh nein, oh nein, das kann niemals mein Bärchen sein!"

Und weil der kleine Spatz die Gummibärchenmama nicht trösten kann, fliegt er weiter.

Da kommt eine kleine Katze vorbei. Auch ihr tut die Gummibärchenmama leid und sie kuschelt sich wie ein Gummibärchenkind an das große Gummibärchen.

Doch die Gummibärchenmama weiß sofort: Das kann niemals ihr Bärchen sein! Also zieht auch die Katze weiter.

Eine alte Schlange kriecht langsam zur Gummibärchenmama und will sie trösten.

Natürlich erkennt die Mama gleich, dass das keines ihrer Kinder sein kann. „Oh nein, oh nein, das kann niemals mein Bärchen sein!", weint sie wieder, und so kriecht auch die alte Schlange weiter.

Als ein kleiner Igel sich an die Gummibärchenmama kuscheln möchte, jammert sie laut. „Oh nein, oh nein, so stachelig kann kein Bärchen sein!"

Der Igel rennt schnell weiter.

Durch das Weinen angelockt, streckt ein Regenwurm den Kopf aus der Erde. Er ringelt sich zur Gummibärchenmama, doch auch er kann sie nicht täuschen und muss weiterkriechen.

Einsam und unglücklich sitzt die Gummibärchenmama da und schluchzt immer noch herzzerreißend. Doch plötzlich spürt sie ein sanftes Zupfen am Arm. Tatsächlich – endlich ist das lang vermisste kleine Gummibärchen wieder da und kuschelt sich an seine Mama. „So weich und klein und fein – das muss mein rotes Bärchen sein!"

Billi, der Seeräuber

Billi ist ein Kind wie jedes andere. Na ja, nicht ganz wie jedes andere, denn Billi ist der Sohn eines weltberühmten Seeräuberhauptmannes.

Kapitän Eisenhand ist – wie Seeräuber nun einmal sind – überaus wild, mutig und tapfer. Und sein Sohn Billi wünscht sich nichts mehr, als genauso wild und mutig zu sein wie sein Vater und mit ihm über die Weltmeere zu segeln, Schätze zu suchen und fremde Schiffe zu entern.

„Wann darf ich endlich mit dir segeln?", fragt Billi seinen Vater vor jedem Beutezug.

Doch ehe ihn der Kapitän zu seiner ersten Seereise mitnehmen will, muss Billi alles üben, was man auf einem Schiff können muss, damit man wie ein guter Seeräuber nicht über Bord gespült wird.

Kapitän Eisenhand testet immer wieder Billis Seefestigkeit, seine Geschicklichkeit und seinen Mut. Es vergeht kaum ein Tag, an dem Eisenhand nicht mit Billi „Brausender Sturm auf hoher See" spielt: Der Junge wird von seinem Vater gerüttelt und geschüttelt wie eine Piratenflagge im Wind. „Denn wenn auf dem Meer ein starker

Wind weht und die Wellen hoch über Bord schlagen schwankt auch ein Schiff gewaltig und alle Männer an Bord werden ordentlich durchgeschüttelt", erklärt der starke Seeräuberhauptmann seinem Sohn. „Wer da nicht richtig seefest ist, dem wird ganz schön übel, oder er purzelt kreuz und quer auf dem Schiffsdeck umher. Das ist wirklich gefährlich, denn man kann leicht von einer hohen Welle von Bord gespült werden!"

Billi strengt sich natürlich mächtig an, um richtig seefest zu werden. „Aber was passiert, wenn doch mal ein Pirat über Bord geht?", fragt er zur Sicherheit genau nach.

„Dann muss er wissen, wie er ein altes Brett als Floß benutzen und damit weiterschwimmen kann", antwortet Kapitän Eisenhand.

Der Seeräuberhauptmann veranstaltet deshalb mit Billi eine Floßwettfahrt auf dem wilden Fluss, um das Auf-dem-Brett-Schwimmen zu üben. Der Kapitän gewinnt natürlich, aber Billis Floß kommt nur wenig später ins Ziel.

Immer wieder erzählt der Kapitän seinem Sohn, was es auf einem Piratenschiff alles zu tun gibt: Es müssen Fässer umhergerollt und der Boden geschrubbt werden. Manchmal werden Kisten geschleppt oder Segel gehisst. Alles müssen die Seeräuber selbst machen. Nur wer kräftig ist, kommt mit der schweren Arbeit auf dem Piratenschiff zurecht.

Und so schrubbt Billi jeden Morgen den Küchenfußboden mit dem alten Schrubber oder schleppt Kisten durch das ganze Haus. Bestimmt sind seine Muskeln bald genauso kräftig wie die des Seeräuberhauptmannes!

„Aber das Wichtigste auf einem Piratenschiff ist, mutig zu sein, wenn es zu einem Kampf mit fremden Seeräubern kommt. Nur wer wirklich tapfer ist, kann einen Angriff überstehen", mahnt Seeräuberhauptmann Eisenhand mit erhobenem Säbel. „Und man muss geschickt sein, mein Sohn!"

Billi packt den Stiel des alten Schrubbers und zack! – hat er seinem Vater damit den Piratenhut vom Kopf genommen.

Kapitän Eisenhand reißt erschrocken die Augen auf. Dann beginnt er, laut zu lachen. „Gut gemacht, mein Sohn!", lobt er Billi. „Jetzt bist du bereit, ein echter Pirat zu sein!"

Lilli und das Kätzchen

Lilli wohnt mitten in der Stadt in einem riesengroßen Haus. Und sie liebt Tiere – große und kleine, dicke und dünne, alte und junge, wilde und zahme. Es gibt wohl kein Tier, das Lilli nicht mag. Leider gibt es in der Stadt kaum Tiere. Nur Lillis Nachbarin hat eine süße, kleine Katze, die Schnurri heißt.

Wenn Lilli aus ihrem Küchenfenster schaut, sieht sie genau in die Küche ihrer Nachbarin. Manchmal sitzt Schnurri auf dem Fenstersims und blickt Lilli auffordernd an. Es ist, als würde sie Lilli zublinzeln. Wenn dann auch noch ihre Schwanzspitze zuckt, weiß Lilli genau, dass Schnurri mit ihr spielen möchte. Da kann sie natürlich nicht widerstehen.

Sie läuft gleich los und klingelt an der Wohnungstür nebenan. Sobald die Tür aufgeht, steht Schnurri auch schon da und schaut Lilli erwartungsvoll an.

Lilli beugt sich hinunter und streichelt das Kätzchen sanft. Natürlich fängt Schnurri gleich an, wohlig zu schnurren und sich zu rekeln. Sie streckt sich in alle Richtungen, als wolle sie sichergehen, dass Lilli beim

Streicheln keine einzige Stelle vergisst. Schnurri wirft sich auf den Rücken und streckt ihre Pfoten weit von sich, damit Lilli auch ihren Bauch ausgiebig kraulen kann.

Dann will Schnurri spielen. Schnell rollt sie herum und steht wieder auf ihren Pfoten. Lilli geht hinunter auf die Knie und sitzt jetzt Auge in Auge mit Schnurri auf dem Boden.

Beide machen einen Katzenbuckel. Das sieht lustig aus.

Schließlich spielen Lilli und Schnurri „Lange Katze". Schnurri hört schon genau auf Lillis Kommando. Sobald Lilli „Lange Katze" sagt, strecken beide eine Vorderpfote oder einen Arm nach vorn und eine Hinterpfote – oder ein Bein –, so weit es geht, nach hinten.

Aber am spannendsten ist es, wenn Schnurri und Lilli „Katz und Maus" spielen. Abwechselnd schleichen sie umeinander herum oder jagen einander durch die ganze

Wohnung. Sie klettern über das Sofa oder kriechen unter den Stühlen durch und rennen um den Tisch herum. Mal jagt Schnurri Lilli, mal läuft Schnurri vor Lilli davon. Die beiden können von diesem Spiel gar nicht genug bekommen und hören erst auf, wenn sie müde sind.

Schnurri läuft dann einfach davon und setzt sich wieder auf das Fenstersims in der Küche. Sie legt ihren Kopf ganz gemütlich auf die angewinkelten Vorderpfoten, schließt ihre Augen und beginnt zu schnurren.

Lilli streichelt über das weiche Fell des Kätzchens. Lilli weiß ganz genau, dass sie jetzt nach Hause gehen kann, weil Schnurri keine Lust mehr hat, mit ihr zu spielen.

Vom Küchenfenster aus sieht Lilli dann, wie Schnurri auf dem Fenstersims liegt, sich die Sonne auf das Fell scheinen lässt und friedlich döst. Nur manchmal zuckt Schnurris Schwanzspitze und Lilli ist sich sicher: Jetzt denkt Schnurri im Traum an sie!

Der rote Flitzer

Der rote Flitzer ist ein wirklich schnelles Auto. Sobald morgens die Sonne aufgeht, bereitet er sich auf einen neuen Ausflug vor.

Heute fährt der rote Flitzer langsam rückwärts aus der Garage und zum Hof hinaus. Noch ein paar Kreuzungen, an denen er stehen bleiben muss, aber dann kann er endlich die Stadt verlassen und hat freie Fahrt.

Zunächst fährt er ganz gemütlich vor sich hin und betrachtet die Landschaft, an der er vorbeikommt. Vorsichtig steuert der Flitzer durch die Kurven, mal rechts herum, mal links herum. Ein steiler Berg lässt ihn noch langsamer werden und schnaufen und stöhnen. Doch kaum hat der rote Flitzer den Gipfel erreicht, saust er umso schneller auf der anderen Seite ins Tal.

Aber Vorsicht! Plötzlich wird die Straße immer enger, bis nur noch ein schmaler Weg übrig bleibt. Natürlich bemerkt der kleine, rote Flitzer, wie das Land neben der Straße steil abfällt, deshalb fährt er langsam und vorsichtig an dem gefährlichen Abgrund vorbei. Endlich wird die

Straße breiter und der kleine, rote Flitzer beschleunigt wieder seine Fahrt.

Doch was ist das? Unzählige Schlaglöcher säumen seinen Weg.

Der Flitzer versucht, ihnen geschickt auszuweichen, denn es ist gar nicht gut, wenn er in einem der Schlaglöcher landet.

Zum Glück liegt die Holperstrecke bald hinter ihm und der Flitzer kann die Fahrt wieder genießen, bis er zu einem Tunnel kommt. Für einen Augenblick kann der Flitzer nichts sehen. Aber der Tunnel ist nur kurz und schon im nächsten Moment ist der Flitzer wieder im Freien.

Inzwischen sind am Sommerhimmel Wolken aufgezogen und ein Gewitter mit prasselndem Regen und Sturm bricht los.

Schnell versucht der kleine Flitzer, dem Unwetter zu entkommen. Der Regen lässt bald nach und es ist nur noch ein zarter Windhauch zu spüren, der den Flitzer schnell wieder trocknen lässt.

Doch, oh Schreck, plötzlich drehen die Räder des kleinen, roten Flitzers durch. Nichts geht mehr vorwärts, sosehr er sich auch bemüht. Der Flitzer steckt im Schlamm fest!

„Hilfe, Hilfe!", hupt er laut. Und er hat Glück, es kommt gerade ein Bauer in seinem Traktor vorbei, der ihm gerne hilft.

Zunächst stellt der Bauer sich hinter den Flitzer und schiebt mit einem lauten „Hau ruck, hau ruck!". Aber nichts bewegt sich.

Dann bindet der Bauer ein starkes Seil an seinem Traktor fest und zieht und zerrt mit aller Kraft.

Und tatsächlich: Der Flitzer rollt vorwärts und schon wenige Augenblicke später hat er wieder festen Boden unter den Rädern und kann seine Reise fortsetzen.

Müde von den vielen Abenteuern, die er erlebt hat, macht sich der rote Flitzer auf die Heimreise: über die Landstraßen, die Kreuzungen in der Stadt und wieder zurück über den Hof und in seine Garage. Er ist ja so froh, wieder zu Hause zu sein!

In der Waschanlage

Der rote Flitzer hat eine weite Reise hinter sich. Bevor er sich zu seiner nächsten Fahrt aufmachen kann, muss er erst einmal gründlich gereinigt und gewartet werden. Deshalb geht es gleich auf zur nächsten Waschanlage.

Bevor die Spezialreinigung losgehen kann, muss zuerst die Antenne abgeschraubt werden, damit sie nicht von den großen Reinigungsborsten beschädigt wird.

Von oben fließt jetzt das Reinigungsmittel über das Dach und die Scheiben.

Dann müssen kurz die Scheibenwischer angeschaltet werden, damit man wieder etwas sehen kann.

Jetzt kommt auch schon der Dampfreiniger. Mit Hochdruck spritzt er den groben Schmutz am Boden und an den Reifen und den Felgen weg.

Endlich darf der rote Flitzer in die Waschstraße einfahren.

Jetzt geht's erst richtig los. Von allen Seiten wird der Flitzer eingeschäumt und gebürstet. Vorn und hinten,

oben und unten, rechts und links wird geschrubbt und gewaschen.

Erst wenn aller Schmutz und Staub entfernt ist, spritzt wieder klares Wasser auf den roten Flitzer, und der schmutzige Schaum wird gründlich abgespült.

Schließlich wird alles mit einem schützenden Wachs überzogen, trocken geblasen und glänzend poliert.

Dann fährt der rote Flitzer sauber und glänzend aus der Waschanlage. Jetzt müssen nur noch die Antenne angeschraubt und ein paar Schrauben kontrolliert werden.

Und schon kann eine neue Reise beginnen.

Gutenacht – Geschichten

Knuddelbär und Hoppelhase

Susanna liegt gerade so richtig gemütlich in ihrem Bett und will einschlafen, da merkt sie, dass jemand an ihrer Bettdecke zupft.

Als sie die Augen aufmacht, sieht sie ihren kleinen Knuddelbären.

„Ich kann nicht schlafen!", sagt er. „Kann ich zu dir ins Bett kommen?"

Und weil sie ihn so gernhat, hebt sie die Bettdecke ein wenig an und der kleine Bär schlüpft zu ihr ins Bett.

Sie gibt ihm einen Gutenachtkuss und nimmt ihn in die Arme.

Sie sind schon fast eingeschlafen, als Susanna merkt, dass schon wieder jemand an ihrer Bettdecke zupft.

Sie macht die Augen auf und da steht der dicke

Hoppelhase vor dem Bett und schaut sie mit großen Kulleraugen an.

„Ich kann nicht schlafen, kann ich zu euch ins Bett kommen?", fragt er.

Und weil die beiden, Susanna und ihr Knuddelbär, den Hasen so gernhaben, lupfen sie ein wenig die Bettdecke, der Hase hüpft hinein, kuschelt sich gemütlich an und schläft sofort ein.

Es ist schön, den Knuddelbären und den Hasen zu spüren. Sie sind warm und weich.

Ob die beiden wohl etwas Schönes träumen?

Der kleine Hase hat einen wilden, aufregenden Traum. Er träumt, dass er ein berühmter Detektiv ist und gerade einen Bankräuber jagt. Der Bankräuber hat im Stadtpark eine Bank geklaut. Das muss er ja tun, weil er eben ein Bankräuber ist. Er hat also eine Bank geklaut, ausgerechnet die Lieblingsbank vom kleinen Hasen. Das geht natürlich nicht und deshalb verfolgt der kleine Hase den Bankräuber auch.

Susanna merkt ganz genau, dass der kleine Hase einen wilden, aufregenden Traum hat, denn er zappelt im

Schlaf mit seinen Beinchen und stupst sie dabei in den Bauch.

Da fängt auch der kleine Knuddelbär an zu träumen. Einen mächtig spannenden Traum. Er träumt, dass er ein Bankräuber ist und dass der kleine Hase ihn verfolgt. Er läuft, so schnell er kann, aber die Bank auf seinem Rücken ist so schwer! Deshalb muss er immer wieder stehen bleiben und sich ein bisschen ausruhen. Seine Beine sind schwer und müde und wollen nicht mehr weiterlaufen.

Natürlich merkt Susanna, dass auch der kleine Knuddelbär einen wilden Traum hat, denn selbst im Schlaf rudert er noch mit seinen dicken, kleinen Knuddelbärenärmchen und Susanna bekommt immer wieder einen Stupser ab.

Jetzt wird es ihr aber zu bunt! Wer kann denn bei so wilden Träumen schlafen? Sie jedenfalls nicht.

Da fällt Susanna ihre Hängematte ein. Sie hängt in einer Zimmerecke, wippt leise vor sich hin und wartet schon auf sie.

Ganz vorsichtig, damit der Knuddelbär und der kleine Hase nicht aufwachen, schlüpft Susanna aus ihrem Bett. Sie deckt den Hasen und den Bären mit dem Kopfkissen gut zu und gibt ihnen einen Gutenachtkuss. Jetzt können die beiden in Ruhe weiterträumen. Susanna aber legt sich mit ihrer Bettdecke in die Hängematte.

Wie bequem es hier ist! Und ganz schnell hat sie selbst die schönsten Träume.

Der gute Mond

Der Tag neigt sich dem Ende zu. Träge schickt die Sonne ihre letzten milden Strahlen auf die Erde und taucht Bäume und Felder, Blumen und Wälder in warmes Dämmerlicht. Auch auf dem Hof von Bauer Abendruh wird es langsam still.

„Gute Nacht, ihr Lieben", sagt die Sonne und versinkt langsam hinter den grünen Hügeln.

Die Enten auf dem Teich schwimmen ans Ufer und lassen sich unter den hängenden Zweigen der alten Weide in ihrem Nest nieder. Vorsichtig nimmt die Entenmutter ihre Küken unter die Fittiche und deckt sie mit ihren warmen Federn zu.

Die Küken sind heute zum ersten Mal auf dem Teich geschwommen. War das aufregend! Nun merken sie, wie müde ihre kleinen Füßchen sind, und sie freuen sich über ihr bequemes Nest.

„Macht die Augen zu, meine Lieblinge!", sagt die Entenmama. „Ich wünsche euch schöne Träume."

Und die Entenküken kuscheln sich fest aneinander und schlafen warm und sicher ein.

Gar nicht weit weg, drüben im großen Stall, legt sich auch das kleine Fohlen zur Ruhe. Den ganzen Tag hat es auf der Weide gespielt und ist übermütig den Schmetterlingen hinterhergesprungen. Welch eine Freude, so über die Koppel zu jagen und sich im Gras zu wälzen! Aber jetzt ist das Fohlen müde. Wie warm das Stroh ist! Und wie angenehm es duftet!

Die Pferdemama schnuppert liebevoll am Fell ihres kleinen Lieblings und schnaubt leise mit den Nüstern: „Schlaf gut, meine kleine Prinzessin! Wie schön, dass ich dich habe!"

Das kleine Fohlen genießt die Nähe seiner Mama und schläft friedlich ein.

Auch die jungen Kätzchen kuscheln sich ganz eng zusammen. Sie haben den großen Stall erforscht und Fangen gespielt. Wie müde sie jetzt sind! Alle sieben kleinen Katzen liegen bei ihrer Mutter in einer warmen Höhle aus Stroh, die sie ihnen für die Nacht bereitet hat: die kleine rote, die getigerte, die schwarz-weiß getupfte, die so besonders neugierig ist, die kleine mit dem schneeweißen Fell und die freche schwarze mit den weißen Pfötchen. Die beiden kleinsten

Kätzchen haben noch Durst und trinken einen letzten Schluck warme Milch. Mmh, ist das gut! Die kleinen Kätzchen strecken sich, müde von diesem langen Tag. Warm und friedlich liegen sie am Bauch ihrer Katzenmama und genießen das zarte Schnurren, das sie hören und spüren können und das ihnen das Gefühl gibt, sicher und geborgen zu sein. „Habt eine gute Nacht!", schnurrt die Katzenmama. „Ich bin bei euch und passe auf euch auf."

Und die Katzenbabys schließen ihre Augen und schlafen wohlig ein.

Nun ist es ganz still im Stall. Friedlich und leise senkt sich die Dunkelheit über die kleinen und großen Tiere auf Bauer Abendruhs Hof.

Der Mond steigt am Himmel empor, hoch über die Baumspitze der alten Weide, unter der die Entenküken schlafen. Er kann die Entchen sehen, wenn er durch die Zweige lugt. Sie schlafen warm und sicher. Der Mond schickt sein silbernes Licht auch in den großen Stall. Das kleine Fohlen träumt ruhig und friedlich. Und die Katzenbabys genießen im Schlaf das wärmende Fell ihrer Mutter.

„Es ist gut", denkt der Mond. „Die kleinen und großen Tiere schlafen friedlich und ich wache über sie. Ob auch schon alle Kinder schlafen?" Der Mond setzt seine Reise über den Himmel fort und leuchtet in die Kinderzimmer hinein.

Der kleine Junge von Bauer Abendruh hält seinen Teddy fest im Arm und lächelt im Schlaf. Sein Schwesterchen nuckelt am Daumen.

„Es ist gut", denkt der Mond. „Schlaft ruhig und friedlich, ihr kleinen Mädchen und Jungen, all ihr wunderschönen Kinder, die ihr so neugierig ins Leben geht. Schlaft gut in den neuen Tag!"

Der Schatz der Meereskönigin

O le schwimmt im Meer. Vom Strand ist er ein kleines Stückchen entfernt. Gerade so weit, dass er gut wieder zurückschwimmen kann, wenn er es möchte.

Da taucht neben ihm eine lustige, kleine Schnauze aus dem Wasser auf und ein kleiner Delfin führt ihm seine Kunststücke vor. Er springt in die Luft und macht dabei Purzelbäume. Er tanzt auf seiner Schwanzflosse und taucht wie ein silberner Pfeil unter Ole hindurch, schneller, als der schauen kann.

„Wo sind denn deine Flossen?", fragt der kleine Delfin neugierig und schaut sich Oles Arme und Beine mit großen Augen an.

„Ich habe keine Flossen, sondern Arme und Beine, ich bin doch ein Menschenkind!", erklärt er dem Delfin.

„Komm, ich zeig dir meinen Lieblingsspielplatz!", sagt der Delfin. „Halt dich einfach nur an meiner Flosse fest, dann geht es schneller." Schon durchpflügen sie die Wellen und die Wassertröpfchen kitzeln lustig Oles Nasenspitze.

Was für ein schönes Gefühl, an der Flosse des kleinen Delfins sicher im Wasser dahinzugleiten.

Als der Delfin mit Ole untertaucht, wird es ganz ruhig um sie herum. Wie ein Fisch kann Ole unter Wasser atmen – und leise perlen kleine Luftblasen nach oben zur Wasseroberfläche.

Bald haben sich Oles Augen an das Dämmerlicht unter Wasser gewöhnt. Er sieht wunderbare Seepflanzen auf dem Grunde des Meeres und kleine Seepferdchen tanzen umher. Wie schön es hier ist!

Bunte, große Fische schwimmen vorbei und betrachten das kleine Menschenkind neugierig. „Was für ein hübscher Fisch!", blubbern sie. „Wo sind denn deine Flossen?"

Schillernde Schwärme mit Tausenden Fischen ziehen wie die Vögel am Himmel ihre Bahn und haben Freude daran, blitzschnell die Richtung zu wechseln, sodass ihre Glitzerschuppen blitzen wie ein festliches Feuerwerk. Schließlich kommt Ole mit seinem Freund, dem kleinen Delfin, zu einem Korallenriff.

Prächtige rote Korallen und zartrosa Seeanemonen leben einträchtig nebeneinander auf einem Felsen. Leicht und lautlos bewegen sie sich in der Strömung des Meeres hin und her.

„Wir sind da!", sagt der kleine Delfin. „Hier in diesem versunkenen Seeräuberschiff spiele ich am liebsten. Besonders spannend ist es, die Kabinen zu durchstöbern."

Neugierig folgt Ole dem kleinen Delfin.

Da ist ja das Steuerrad – und ein altes Fass!

Eine Treppe führt hinunter in eine richtige Seeräuberkapitänskajüte! Mit Schwertern an den Wänden, einem Kompass und einer riesigen Seemannstruhe. Was da wohl drin sein mag?

Neugierig versucht Ole, die Truhe zu öffnen. Das ist vielleicht anstrengend!

Endlich gibt der Deckel nach und die Truhe öffnet sich. Sie ist über und über voll mit Perlen. Rosa, blau und weiß schimmern sie in zartem Glanz. Große Perlen und kleine Perlen. Was für ein toller Schatz!

„Das muss der berühmte Perlenschatz der Meereskönigin sein!", flüstert der kleine Delfin. „Ein Seeräuber hat ihn vor langer Zeit gestohlen. Es heißt, wer ihn findet, darf sich eine Perle aussuchen und sich etwas wünschen."

Ole wählt eine besonders schöne Perle aus, schließt die Augen und denkt ganz fest an einen Wunsch, der für ihn unbedingt in Erfüllung gehen soll.

Zufrieden macht er sich mit dem kleinen Delfin wieder auf den Weg an die Wasseroberfläche. Dort verabschiedet er sich von seinem kleinen Freund.

Ole schwimmt zurück an den Strand und legt sich in den weichen, warmen Sand, um noch einmal in Ruhe über sein Erlebnis nachzudenken. In seiner Hand spürt er immer noch die Perle, der er seinen Wunsch anvertraut hat.

Und jetzt schlaf schön und hab angenehme Träume.

Vielleicht geht im Traum ja auch dein Wunsch in Erfüllung.

Sternenwinter

Es ist Herbst, aber noch wärmt die Sonne mit ihren goldenen Strahlen das Fell des kleinen Bären.

Er liegt im weichen Moos unter der alten Eiche und hat es sich genauso bequem gemacht wie du in deinem Bett. Der kleine Bär streckt sich und dehnt sich, bis sein Rücken, seine Arme und Beine den richtigen Platz gefunden haben für ein kleines Schläfchen.

Ein kühler Wind weht ihm sanft um die Nase. Wie gut das riecht! Das Bärenkind nimmt einen tiefen Atemzug, schließt die Augen und atmet die gute Herbstluft ein und wieder aus. Dann kuschelt es sich tiefer ins warme, weiche Moos.

Die Herbstluft duftet nach Äpfeln, Moos und bunten Blättern. Und sie riecht nach … nach … ja, was ist das für ein Duft, der da noch in der Luft  liegt? Der kleine Bär kennt ihn nicht. Dieser Duft ist neu, ganz neu. Gerade jetzt weht er zum ersten Mal um die kleine Bärennase, um die Eiche, unter der er liegt, und über die Wiesen und Felder, auf denen der kleine Bär den ganzen Sommer über gespielt hat. Der kleine Bär atmet tief ein und wieder aus.

Da lässt sich der Bärenvater mit einem zufriedenen Brummen neben dem Bärenkind nieder und lehnt sich gemütlich an den Stamm der dicken Eiche.

„Hmm, ja, das ist es wohl!", sagt er leise. „Es ist wieder so weit!" Prüfend hält er seine schwarze Nase in die Luft und schnuppert. „Der Winter kommt bald. Ich rieche den Schnee."

Verwundert hört der kleine Bär zu. Winter? Was ist das denn? Und was ist Schnee? Den Winter kennt der kleine Bär nicht. Als er geboren wurde, war es Frühling und auf den Wiesen blühten bunte Blumen. Bald kam der warme Sommer, die süßen Beeren wurden reif. Jeden Tag saß der kleine Bär in der Brombeerhecke und ließ sich die süßen, saftigen Früchte schmecken.

Dann wurde es kälter und die Vögel zogen weg. Sie sammelten sich auf den Bäumen und flogen mit den Herbststürmen davon. All das kennt der kleine Bär gut. Aber den Winter, den hat er noch nicht kennengelernt.

„Der Winter ist kalt!", erklärt der Bärenvater. „Zuerst kommen die Stürme, sie bringen eisige Luft und fegen die Blätter von den Bäumen. Dann fallen kleine, weiße Sterne vom Himmel, das sind die Schneeflocken. Sie glitzern und tanzen in der Luft, schweben zur Erde und decken sie mit einer weißen Decke zu. Auf Bächen und Seen wächst eine dicke Eisschicht. Da wird es schwer, etwas zum Fressen zu finden. Aber wir Bären sind schlau. Wir ziehen uns im Schneeflockensternenwinter einfach in unsere Höhlen zurück, rücken ganz dicht zusammen und halten Winterruhe. Nur an schönen, sonnigen Tagen wachen wir auf, gehen nach draußen und suchen nach Fressen. Komm mit, wir gehen zur Höhle!"

Die Bärenhöhle liegt gut versteckt hinter einem großen Felsen mitten im Wald. Mit trockenem Laub und weichem, duftigem Moos haben die Bäreneltern ihren Unterschlupf ausgepolstert.

Wenige Tage später steht der kleine Bär vor der Höhle und streckt die Nase in den Wind. Tatsächlich, es ist genau so, wie der Bärenvater erklärt hat: Wie kleine, weiße Sterne tanzen jetzt Schneeflocken vom Himmel. Ist das aufregend! Der kleine Bär versucht, die Schneeflocken zu fangen. Er springt umher und schnappt nach ihnen. Aber immer wenn er glaubt, eine Schneeflocke gefangen zu haben, ist sie plötzlich verschwunden. Sehr seltsam! Der kleine Bär kann das nicht verstehen. Wie ein kleiner Hund tollt er auf der Wiese herum und fängt Schneeflocken. Bis er endlich erschöpft stehen bleibt. Der kleine Bär reibt sich mit seinen Tatzen die Augen und gähnt.

„Komm rein, kleiner Bär! Es ist Zeit zu schlafen!", hört er da die Bärenmutter. Ja, jetzt freut sich das Bärenkind auf die gemütliche, warme Höhle.

Der kleine Bär kuschelt sich an das weiche Fell seines Vaters. Und der hält den kleinen Bären fest in seinen Armen, wiegt ihn sanft und streichelt über sein weiches Fell. Dazu brummt die Bärenmama mit leiser Stimme ein Schlaflied. Müde fallen dem Bärenkind die Augen zu. Der kleine Bär atmet tief und regelmäßig. Fest und sicher liegt er in den starken Bärenarmen, während draußen der Sternenwinter das Land mit weißen Schneeflockensternen zudeckt.

Der kleine Bär schläft ein und träumt.

Die Nacht der Geschichten

Die kleine Carolina liegt im Bett und macht es sich in ihren vielen Kissen und unter der weichen Decke gemütlich.

Mama sitzt neben ihr auf dem Bett, streicht ihr die Haare aus dem Gesicht und knipst das Licht aus. Auf diesen Moment freut sich Carolina jeden Abend, denn dann hat sie Mama immer noch eine kleine Weile für sich. Ganz für sich allein. Und das ist schön!

Baby Jakob schläft in seiner Wiege und Julius räumt mit Papa den Abendbrottisch ab.

Und Mama, Mama sitzt hier ganz nah bei ihr auf dem Bett und hat endlich Zeit für sie.

„Was wünschst du dir zum Geburtstag?", fragt Mama.

Carolina muss nicht lange überlegen. „Eine Geburtstagsüberraschung von Opa!", antwortet sie einfach nur.

Mama lacht. „Das dachte ich mir schon!", sagt sie. „Opa wird sich für dich etwas ganz Besonderes einfallen lassen, da bin ich mir sicher!"

Carolinas Opa hat einen riesengroßen Garten mit einem richtigen Gartenhäuschen.

Das Gartenhäuschen sieht fast ein bisschen aus wie ein Hexenhäuschen. Vor dem Häuschen ist eine kleine

Veranda und darauf steht Opas Schaukelstuhl. In diesem Schaukelstuhl fallen Opa immer die tollsten Sachen ein. „Es ist ein Ideenzauberstuhl!", sagt Opa immer. „Aber man muss ihn richtig schaukeln, sonst funktioniert er nicht."

In den nächsten Tagen sitzt Opa sehr oft im Schaukelstuhl. Und wenn Carolina vorbeikommt, blinzelt Opa ihr verschmitzt zu. „Nur Geduld, junge Dame", sagt Opa, „dein Geburtstagszauber ist schon längst in Auftrag gegeben."

Endlich ist Carolinas Geburtstag gekommen.

Als Carolina morgens aufwacht, sieht sie gleich den großen Ballon, der über ihrem Bett an der Decke schwebt. Auf dem Ballon steht eine Botschaft, Opas Geburtstagsbotschaft für Carolina: „Einladung zur Nacht der Geschichten in Opas Gartenhäuschen", entziffert Carolina. Was für eine schöne Idee!

Am Abend zeigen leuchtende Fackeln Carolina den Weg durch den dunklen Garten zu Opas Gartenhäuschen.

Eine Lichterkette ist um die Veranda geschlungen und über der Tür hängt ein goldenes Schild. „Willkommen zur Nacht der Geschichten" steht darauf.

Neugierig öffnet Carolina die Tür und tritt ein. Der Raum ist mit Kerzenlicht erhellt und es duftet wunderbar nach heißem Kakao, süßen, saftigen Orangen und dem frisch gebackenen Kuchen, der auf dem Tisch steht.

„Komm rein, mein Schatz!", sagt Opa und führt Carolina in ein Zelt aus bunten Stoffbahnen, die oben am Kronleuchter befestigt sind. Auf dem Boden liegen weiche Decken und Kissen.

„Mach es dir gemütlich zur Nacht der Geschichten! Denn das ist mein Geschenk an dich", sagt Opa geheimnisvoll.

Opa reicht Carolina eine Schale, in der viele kleine, bunte Briefchen liegen: „In jedem Brief steckt eine Geschichte für dich. Such dir das erste Briefchen aus! Ich werde dir heute so lange Geschichten erzählen, wie du wach bleiben kannst."

Carolina zieht einen kleinen Briefumschlag mit lauter roten, gemalten Herzchen. Sie öffnet ihn und heraus fällt ein Bild von Carolina als Baby.

„Oh, was für eine gute Wahl!", freut sich Opa. „Ich werde also mit der Geschichte beginnen von dem Tag, an dem du auf die Welt kamst. Erinnerst du dich noch daran, wie es war, als du klein warst? Was hat dir am besten gefallen?"

Opa erzählt und erzählt. Carolina hört, wie Opa sie das erste Mal auf den Arm genommen hat und sie ihn mit einem kräftigen Niesen begrüßt hat. Im nächsten Umschlag findet Carolina eine kleine Perle. Welche Geschichte Opa dazu wohl erzählen wird?

Carolina fühlt sich wie eine Prinzessin unter dem Zelt aus Stoff, auf den weichen Kissen. Sie schaut auf die flackernden Kerzen und riecht den Geburtstagskuchenduft, der in der Luft liegt. Carolina macht es sich in Opas Armen bequem, schließt die Augen und hört nur noch auf Opas tiefe, freundliche Stimme.

Wie schön, sich in die Welt der Geschichten hineinzuträumen. Opa erzählt so viele traumhafte Geschichten: die Geschichte von der Perlenprinzessin. Die Geschichte vom Lachdrachen. Und die Geschichte vom Zaubermond. Carolina wird müde. Sie merkt, wie ihre Arme und Beine schwer werden, angenehm schwer und wunderbar warm. Carolinas Gedanken beginnen zu reisen. Bald hört sie Opas Stimme nur noch von fern. Sie atmet noch einmal den Geburtstagskuchenduft ein, der das Gartenhäuschen erfüllt, und dann ist sie eingeschlafen.

Opa hüllt Carolina in eine warme Decke. „Schlaf gut, kleines Geburtstagskind, und träume schön!"

Die Wunschfee

Lisa spaziert auf einer großen Wiese. Viele bunte Blumen blühen dort und das Gras ist so weich, als würde sie auf einem dicken Teppich laufen.

Weich und zart kitzelt es unter ihren Füßen. Es ist angenehm, auf dem weichen Graspolster zu laufen, das jeden ihrer Schritte weich abfedert.

Da sieht Lisa einen großen, bunten Schmetterling. Fast sieht es so aus, als wäre er mit Goldstaub bedeckt, so hell glitzern seine Flügel, wenn er sie im Flug öffnet und die Sonnenstrahlen sie zum Leuchten bringen. Die Sonne scheint warm und freundlich vom Himmel und der Schmetterling genießt es, die Sonnenstrahlen zu spüren.

Lisa hüpft und springt vor Freude, immer dem wunderschönen Schmetterling hinterher. Da kommt sie zu einem Bach. Sie hat ihn schon von Weitem gehört, weil das Wasser so lustig plätschert. Der Schmetterling setzt sich auf eine Blume, die am Rande des Baches wächst, und trinkt von den Tautropfen, die auf der Blüte sitzen und in der Sonne schimmern. Dann erhebt er sich in die Lüfte und fliegt davon.

„Auf Wiedersehen, schöner Schmetterling!", ruft Lisa ihm nach. „Hab einen schönen Tag!"

Und sie schaut ihm ganz lange nach, wie er davonfliegt über die Blumenwiese und das weiche Gras und sich dabei vom Wind tragen lässt, als würde er tanzen.

„Ich wünsch dir auch einen schönen Tag!", hört Lisa plötzlich eine Stimme. Sie schaut sich um und da sieht sie eine Fee. Sie hat lange blonde Haare und feine, fast durchsichtige Flügel. Die Fee sitzt auf der Blüte, auf der eben noch der Schmetterling saß, und lächelt Lisa an.

Die kann gar nicht anders, als zurückzulächeln, so nett ist die Fee.

„Ich mag dich!", sagt die Fee. „Und deshalb will ich dir einen Wunsch erfüllen. Wie kann ich dir eine Freude machen?"

Da braucht Lisa gar nicht lange zu überlegen. „Ich möchte so schön sein wie der Schmetterling und ich möchte in der Luft tanzen können wie er!", antwortet sie.

Die Fee hebt ihren Zauberstab, schwingt ihn im Kreise, und schon hat Lisa ein Paar kleine Flügel, wunderschöne, zarte Flügel mit silbernem Muster darauf.

Voller Freude erhebt sie sich in die Luft. Wie schön es ist, die Flügel zu schwingen, wie ein Hauch durch die Luft zu schweben und den Wind zu spüren! Ein kühler, milder Wind, der über die Flügel streift und über Lisas Gesicht, Arme und Beine.

Vor lauter Freude lacht Lisa und wird ganz übermütig. Sie macht Purzelbäume in der Luft und Pirouetten und dreht eine Schleife nach der anderen.

Die Fee freut sich. „Wie schön, dass es dich gibt!", sagt sie.

Nun berührt die Fee Lisa sanft mit ihrem Zauberstab, da schwebt Lisa auf die Erde zurück, die Flügel werden unsichtbar und Lisa ist wieder ein ganz normales Kind.

Zum Abschied umarmt sie die Fee.

„Danke, liebe Fee!", verabschiedet sie sich. „Es war schön, ein Schmetterling zu sein und mit dem Wind zu tanzen!"

Die Fee lächelt ihr zu, schwingt ihren Zauberstab, erhebt sich in die Luft und schwebt davon.

„Ich komme wieder!", hört Lisa die Fee noch sagen. „Eines Tages, du wirst schon sehen."

Die Fee ist verschwunden, aber das schöne Gefühl bleibt. Lisa ist richtig glücklich.

Geschichten zum Wundern

Zauberblumen

Auf der bunten Blumenwiese, mitten im Wald, steht ein kleines Hexenhäuschen. Ganz ruhig steht es da, friedlich, still und leise.

Lass uns einmal hineingehen und sehen, ob die kleine Hexe zu Hause ist. Vorsichtig, auf Zehenspitzen, schleichen wir durchs Haus.

Nein, in der Hexenküche ist die kleine Hexe nicht.

Und in der Besenkammer ist sie auch nicht.

Wir wollen mal die Treppe hinaufgehen und die kleine Hexe oben suchen.

Mmh, was hören wir da? Da schnarcht doch jemand! Ob das die kleine Hexe ist? Schnell den Vorhang zur Seite geschoben und nachgeschaut!

Da ist sie ja, die kleine Hexe. Wie gemütlich sie es hat! Sie liegt in ihrem warmen Kuschelbett in ihren watteweichen Federdecken und schmiegt sich an ihr Schmusekissen.

Doch da kommt Gusti, das

rosa Zauberschweinchen, ins Zimmer und stupst die kleine Hexe mit seiner schnuppernden Schnauze an.

„Aufstehen!", grunzt Gusti. „Schwing dich auf deinen Besen! Wir müssen zur Zauberwiese fliegen und Zauberblumen pflanzen!"

Aber die kleine Hexe träumt weiter. Und was macht das Zauberschwein? Es kitzelt die kleine Hexe, bis sie richtig wach ist.

Dann schwingen sich die beiden zusammen auf den Zauberbesen und fliegen durch die Luft. Der Wind trägt sie zur Zauberwiese.

„Jetzt pflanzen wir Zauberblumen!", ruft die kleine Hexe und beginnt, die Wiese umzugraben. Das Zauberschwein hilft kräftig mit.

Dann setzt die kleine Hexe die Zaubersamen in die Erde.

„Fertig!", jubelt die kleine Hexe begeistert. „Jetzt gießen wir die Blumen, damit sie gut wachsen." Die kleine Hexe schnipst mit dem Finger und lässt es regnen.

„Mehr, mehr!", grunzt das Zauberschwein und wälzt sich genüsslich im Schlamm.

Das hören die Wildschweine im Wald. Schlamm? Matsch? Pampenquatsch? Nichts wie hin! Wie der Blitz kommen sie angelaufen und wühlen mit ihren Wildschweinschnauzen nach Herzenslust im Schlamm.

Und was ist mit den Zauberblumensamen? Die ganze Arbeit umsonst, denkst du? Irrtum! Zauberblumen brauchen Matsch und wühlende Schweineschnauzen, damit sie gut wachsen können. Und sie fangen auch gleich an zu wachsen.

„Was für ein schöner Tag!", findet die kleine Hexe. Sie dehnt sich und streckt sich und schüttelt sich und tanzt vor Freude. Und du und das Zauberschwein, ihr tanzt mit.

Das kleine Apfelwunder

Auf der großen Blumenwiese, direkt unter dem alten Apfelbaum, hat es sich der kleine Maulwurf richtig gemütlich gemacht. Die Sonne scheint durch die grünen Zweige des Baumes und wärmt seinen weichen, samtigen Pelz. Gemütlich rekelt sich der kleine Maulwurf und reckt seine Arme und Beine. Er streicht zufrieden über sein sonnenwarmes, glänzendes Fell. Ja, es  geht ihm gut, dem kleinen Maulwurf. Er liegt in aller Ruhe unter dem Apfelbaum, warm und friedlich, müde und schwer. Ein leiser Windhauch trägt ihm den Duft der Äpfel zu, die rot und reif an den Zweigen hängen. „Mmh, Apfelduft, wie köstlich!", denkt der kleine Maulwurf, schon halb im Schlaf. Müde fallen ihm die kleinen Maulwurfsaugen zu und er beginnt zu träumen.

Der kleine Maulwurf träumt von Äpfeln: von roten, saftigen Äpfeln, die die Wärme der Sonne in sich tragen, von Apfelkuchen, Apfelmus, Apfelgelee, Apfelsaft. Mmh, Äpfel sind wirklich etwas Feines!

Aber dann taucht in dem süßen, köstlichen Apfeltraum ein Zauberer auf. „Alle Äpfel gehören mir!", schreit er. „Wehe, du rührst meine Äpfel an!" Und weil er ein mächtiger Zauberer ist, gehorcht der Maulwurf. Er wagt es nicht mehr, einen Apfel vom Baum zu pflücken und zu essen.

Es ist ein schlimmer Traum. Der kleine Maulwurf wälzt sich im Schlaf hin und her. Äpfel sind doch seine Leibspeise! Er strampelt vor lauter Ärger so fest mit den Füßen, dass er gegen den Apfelbaum stößt. Und die Äpfel, rot und reif, prasseln vom Baum. Rechts und links vom kleinen Maulwurf und direkt vor seiner Nase fallen sie herunter und bleiben neben ihm im Gras liegen.

Uff! Der kleine Maulwurf reibt sich die Augen. Zum Glück war alles nur ein Traum.

Der kleine Maulwurf bekommt auf einmal großen Appetit auf einen Apfel. Wie schön doch so ein Apfel aussieht mit seiner glänzenden Schale. Wie gut sich die glatte, feine Schale in der Hand anfühlt – und erst dieser Duft, dieser feine, zarte, fruchtige Duft! Der kleine Maulwurf atmet tief ein und nimmt den köstlichen Duft in sich auf. Ein Duft, der von Sonne erzählt und von Wolken am Himmel, von Sommerwind und Blütenstaub, von Bienengesumm und Blätterrascheln. Nun beißt der kleine Maulwurf sachte in den Apfel hinein. Bei jedem Bissen schmeckt er den Apfelduft, bei jedem Bissen spürt er das leckere Fruchtfleisch im Mund. Der kleine Maulwurf wird ganz still und konzentriert sich auf das, was er gerade tut: Er isst einen köstlichen Apfel.

Jetzt ist der kleine Maulwurf satt und zufrieden. Er leckt sich die Lippen und spürt noch immer den zarten Apfelduft in seiner Nase.

Kleiner Indianer

Adlerauge ist ein mutiger Indianerjunge. Er ist der ganze Stolz seines Vaters.

Fröhlich wie ein kleines Fohlen springt Adlerauge über die Prärie.

Er spielt Verstecken mit seinem Freund Heller Stern. Ob Heller Stern sich hier im Gebüsch versteckt hat? Der kleine Indianerjunge kriecht mitten hinein.

Hoffentlich findet Adlerauge seinen Freund, bevor das Gewitter beginnt. Am Himmel steht schon eine große Regenwolke und es wird windig.

Und schon prasseln die ersten Regentropfen vom Himmel.

Oje, der Regen wird stärker und stärker. Wie ein Wasserfall stürzt der Regen jetzt vom Himmel.

Es donnert.

Blitze zucken vom Himmel.

Jetzt muss sich Adlerauge aber schnell einen sicheren Unterschlupf suchen. Hier ist eine Höhle! Schnell schlüpft

Adlerauge hinein und lehnt sich an die warme, moosbewachsene Höhlenwand.

Aber was ist das? Was kitzelt denn da so?

Ach, das ist ja Heller Stern! Er hat sich auch hier in der Höhle vor dem Gewitter in Sicherheit gebracht.

Die beiden Freunde warten, bis sich das Gewitter verzogen hat, dann schlüpfen sie aus der Höhle und genießen die warmen Sonnenstrahlen auf ihrer Haut.

Gut gelaunt stehen die beiden kleinen Indianer vor der Höhle.

Sie recken und strecken sich und dann laufen sie – so schnell sie können – nach Hause.

Hasenträume

Es ist schon dunkel. Der Mond leuchtet am Himmel und die Sterne funkeln.

Der kleine Hase sitzt vor seinem Bau, angelehnt an einen Stein, sonnenwarm von einem langen Sommertag. Das ist ein Abend, wie ihn der kleine Hase mag. Ein Abend zum Genießen und Träumen.

Nachdenklich dreht der kleine Hase eine Pusteblume zwischen seinen Pfoten. Wie kleine Federn wirken die weißen Schirmchen. Zart und leicht bewegen sie sich beim kleinsten Lufthauch. So als warteten sie nur darauf, dass der Wind sie mitnimmt und ihnen die Welt zeigt. Sachte, ganz sachte bläst der kleine Hase gegen die kleinen, weißen Schirmchen und schaut ihnen zu, wie sie leise in den Himmel steigen. Und wie er ihnen so nachschaut, wird er neugierig. Wo sie wohl hinfliegen? Der kleine Hase läuft den Schirmchen hinterher. Leicht und luftig tanzen sie über ihm. Weiter, immer weiter. Da kommt der kleine Hase an einen See. Der Mond spiegelt sich darin, rund und golden.

Am Ufer verborgen, unter den Wurzeln eines Baumes, haben sich die Enten einen Schlafplatz gesucht. Sie haben ihren Kopf unter die Flügel gesteckt und ruhen sich auf dem weichen Gras aus. Der Wind streicht sanft über ihre Federn. Und die kleinen, zarten Schirmchen der Pusteblume fliegen über die Enten hinweg, hinaus auf den See.

Mitten auf dem See, auf den Seerosenblättern, verbringen zwei Frösche die Nacht. Träge dösen sie auf den zartgrünen Blättern. Sie sind kaum zu sehen zwischen all dem Grün. Die leichten Wellen des Sees schaukeln sie in den Schlaf. Die Frösche atmen den süßen Duft der Seerosen und träumen im Mondschein. Sie bemerken nicht die kleinen, zarten Schirmchen der Pusteblume, die über sie hinwegfliegen, zu der großen Ulme am anderen Ufer.

In einem weichen Kobel, gepolstert mit Gras und Moos und zartem Flaum, verbringt das Eichhörnchen mit seinen Jungen die Nacht. Dicht aneinandergekuschelt, warm und geborgen, genießen sie die Ruhe der Nacht. Sie bemerken nicht die kleinen, zarten Schirmchen der Pusteblume, die über sie hinwegfliegen, höher hinauf in die Äste ihres Baumes.

Der kleine Hase wird müde. Er legt sich am Fuße des Baumes ins weiche Moos und streckt sich aus, müde von dem weiten Weg. Der kleine Hase atmet die frische Nachtluft, mild und klar. Müde fallen ihm die Augen zu.

Und die zarten Schirmchen der Pusteblume fliegen höher und höher hinauf in den Himmel, bis sie nicht mehr zu sehen sind.

Über den Wipfeln der Bäume färbt sich das dunkle Blau des Himmels in ein zartes Rot.

Es dauert nicht lange und schon wird es wieder hell über dem See und die Sonne geht auf. Eins nach dem anderen erwachen die Tiere und begrüßen den Tag. Ihre fröhlichen Stimmen wecken den kleinen Hasen. Die Enten am See beginnen fröhlich zu schnattern, die Frösche auf den Seerosenblättern quaken und die jungen Eichhörnchen jagen fröhlich den Baumstamm hinauf und hinunter.

Der kleine Hase öffnet seine Augen und freut sich auf den neuen Tag. Er steht auf, klopft sich das Moos aus dem Fell und streckt sich aus. Ah, das tut gut nach der Ruhepause! Munter hoppelt er nach Hause.

Vor seinem Bau liegt der grüne Stängel der Pusteblume. Ihre schwebenden Schirmchen haben den kleinen Hasen auf die Reise durch die Nacht geführt.

Sturmgeschichte

Paulina und ihr Opa machen eine Wanderung in den Bergen.

Opa blickt prüfend in den Himmel. „Ich hoffe, das Wetter hält, bis wir oben sind!", sagt er zu Paulina. „Schau mal, da vorne kannst du schon unsere Hütte sehen." Winzig klein und noch weit in der Ferne entdeckt Paulina die Hütte, zu der sie heute mit Opa unterwegs ist. Die Hütte schmiegt sich an einen grünen, sonnigen Hang und erwartet sie bereits. Paulina findet es aufregend, mit Opa in den Bergen zu wandern. Schritt für Schritt folgen die beiden dem sonnenheißen Schotterweg. Die Kieselsteine knirschen unter ihren Sohlen.

Wie still es hier oben ist, wundert sich Paulina. Wie wunderbar ruhig. Und gerade weil es so still ist, kann Paulina so vieles hören: das Rauschen der Bäume, fröhliches Vogelgezwitscher, das leise Plätschern einer Quelle ganz in der Nähe, die Schritte auf dem Kiesweg und ihren eigenen Atem.

Der Weg steigt steil bergan und Paulina schnauft kräftig. Es ist nicht mehr weit bis zur Berghütte, aber zuerst machen Opa und Paulina auf einer kleinen Blumenwiese Rast. Sie legen ihre Rucksäcke ab, breiten eine Decke aus und ruhen sich aus von dem anstrengenden Aufstieg.

Langsam schieben sich dunkle Wolken vor die Sonne.
„Ich glaube, wir sollten uns wieder auf den Weg machen. Wir wollen die Hütte erreichen, bevor es regnet", meint Opa. Und wirklich – jetzt beginnt auch der Wind kräftiger zu blasen. Paulinas Haare wehen wild durcheinander. Die dunklen Regenwolken stehen am Himmel und die ersten dicken Tropfen fallen zur Erde. Ängstlich greift Paulina nach Opas Hand. Opas große, warme Hand gibt ihr Sicherheit. „Wir sind gleich da, Paulinchen!", lächelt Opa und streichelt ihre kleine Hand.

Genau in dem Moment, als Paulina und Opa die Berghütte erreicht haben, bricht das Unwetter los. Heftiger Regen trommelt gegen die Fensterscheiben der Hütte und der Sturm rüttelt an den Wänden und pfeift durch die Ritzen. Das macht Paulina Angst. So ein Unwetter hat sie noch nie erlebt: Was ist, wenn der Sturm die Hütte davonbläst? Und dann dieser Regen, dieser schrecklich laute Regen!

Opa breitet die Arme aus. „Komm her, mein Schatz!", sagt er leise, nimmt Paulina schützend in seine Arme und hält sie ganz fest. „Es wird uns nichts passieren!" Opa wiegt sein ängstliches, zitterndes Paulinchen wie ein kleines Baby ganz sachte hin und her.

Er hält sie fest in seinen Armen, redet ihr gut zu und wischt ihr die Tränen aus dem Gesicht. In Opas Armen fühlt Paulina sich sicher.

Schließlich wagt Paulina mit Opa sogar einen Blick aus dem Fenster: Sie staunt über die Regenmassen, die da aus den Wolken herabstürzen. Mit welcher Kraft der Sturm durch die Bäume fegt! Aber mit Opa an der Seite findet Paulina den Sturm gar nicht mehr so schrecklich.

Und dann, fast so schnell wie das Unwetter gekommen ist, verzieht es sich auch wieder. Sogar die Sonne lugt schon wieder hinter den Wolken hervor. Opa und Paulina setzen sich vor die Hütte und genießen die frische, klare Bergluft, die der Regen so angenehm abgekühlt hat.

Maus und Bär

Die kleine Maus und der Bär sind Freunde. Der Bär ist groß und stark und hat eine tiefe, angenehme Brummstimme.

„Bitte, brumm doch mal!", sagt die kleine Maus oft. „Das ist so schön beruhigend!"

Und dann legt die kleine Maus sich auf den dicken Bärenbauch, kuschelt sich in das weiche, flauschige Bärenfell und genießt das dunkle Brummen, das sie so wunderbar sanft durchrüttelt. Warm, weich und unendlich gemütlich ist der Brummbärenbauch.

Weil die kleine Maus ein wenig ängstlich ist und das Brummen so beruhigend, muss der große Bär ziemlich oft brummen.

„Ach, wenn ich doch nur so groß und stark wäre wie du!", seufzt die kleine Maus oft. „Ich wollte, ich wäre auch ein mutiger Bär. Dann könntest du dich manchmal bei mir ankuscheln und ich würde dich beschützen, wenn du Angst hast. Aber ich bin ja nur eine kleine Maus."

Da erzählt der Bär eine Geschichte. „Dies ist die Geschichte von der Maus, die dem Bären das Leben rettete", beginnt er. Und an das warme Bärenfell gekuschelt, hört die kleine Maus neugierig zu.

„Es war einmal eine Bärenmutter mit einem Jungen. Die beiden Bären lagen eines schönen Tages zusammen auf der Blumenwiese und ließen sich von der Sonne den Pelz wärmen. Die Bärenmutter dehnte und reckte sich, schnaufte ein und aus – und schon war sie eingeschlafen. Das Bärenkind aber wollte die Welt entdecken. Es lief zum Fluss und sprang dabei den tanzenden Schmetterlingen hinterher. ‚Ich kriege euch!', rief der kleine Bär fröhlich und jagte die Schmetterlinge. Dabei lief er immer weiter am Fluss entlang, ohne aufzupassen.

Zur selben Zeit saß eine kleine Maus weiter unten am Ufer des Flusses und knabberte an einer köstlichen Nuss.

Als plötzlich der dicke, freche Frosch neben ihr laut quakte, ließ die Maus ihre Nuss vor Schreck ins Wasser fallen. Durch die aufspritzenden Wassertropfen wurden die Libellen aufgeschreckt, die träge in der Mittagssonne dösten. Was für eine Unruhe heute am Teich herrschte! Die Libellen wollten sich lieber ein ruhigeres Plätzchen suchen und flogen davon. Bei ihrem Flug über die Blumenwiese entdeckten die Libellen schließlich die schlafende Bärenmutter. Wie lustig ihre schwarze, feuchte Bärennase in der Sonne glänzte! ‚Auf die Plätze, fertig, los!', rief die erste Libelle und landete mit einem kühnen Sturzflug auf der Bärennase. ‚Achtung, ich komme!', schrie die zweite und ließ sich ebenfalls auf dem Nasenlandeplatz nieder. Die beiden Libellen hatten wirklich nur Unsinn im Kopf.

 Der Bärenmutter kitzelte die Nase von diesem Libellenunsinn. Sie wachte auf und merkte endlich, dass ihr kleiner Bär verschwunden war. ‚Wo bist du denn, kleiner Bär?', rief sie aufgeregt. ‚Er wird doch hoffentlich nicht alleine zum Fluss gelaufen sein?' So schnell sie konnte, lief die Bärenmutter los.

Und was soll ich dir erzählen, sie konnte den kleinen Bären gerade noch am Pelz packen und ihn retten, bevor er in den Fluss geplumpst ist!"

„Nein, so was aber auch!", staunt die kleine Maus. „Wie gut, dass wir Mäuse so gerne Nüsse knabbern. Man könnte ja fast behaupten, dass die Maus dem kleinen Bären das Leben gerettet hat!"

„Genau so ist es!", brummt der Bär.

Die kleine Maus stellt sich neben den Bären und spielt mit ihren Muskeln. „Was sind wir Mäuse doch für mutige Kerle! Falls du mal Angst haben solltest, Großer, dann darfst du dich ruhig an mich ankuscheln. Ich werde dich beschützen!"

Die Zaubermurmel

Gestern war ein schlimmer Tag für Anton, so ein Tag, an dem alles schiefgeht.

Erst fiel ihm das Geld für die Pausenbrezel in den Gully, dann kam er zu spät zur Schule. Auf dem Weg zur Turnhalle stellte ihm Benni ein Bein, und Anton stolperte. Dabei stieß er ausgerechnet

gegen Johannes, seinen besten Freund, der gerade seine Turnschuhe zumachen wollte. Johannes' neue Brille fiel auf den Boden.

Und Anton, der noch so viel Stolperschwung in sich hatte, trat aus Versehen drauf. Die Brille von Johannes war kaputt! Mitten durchgebrochen. In zwei Teile. Mist!

Johannes war stinksauer. „Du bist nicht mehr mein Freund!", zischte er böse. Und seitdem hat er Anton nicht einmal mehr angesehen.

Den ganzen Nachmittag überlegte Anton verzweifelt, was er tun könnte, damit Johannes wieder sein Freund wäre. Er rief sogar bei ihm an. Aber Johannes legte gleich wieder auf.

Auch heute, auf dem Weg zur Schule, ist Anton wieder ganz in Gedanken. Immer noch denkt er an den Ärger mit Johannes. Wenn der doch nur wieder sein Freund wäre!

Da stößt Anton mit dem Schuh an eine Murmel. Eine kleine, glitzernde, bunte Murmel. Murmeln kann man immer brauchen. Anton hebt sie auf und steckt sie zu der Kastanie, dem Bindfaden und der Entenfeder in seiner Hosentasche. Und hat sie auch schon wieder vergessen.

Dann kommt Anton am Gartenzaun von Herrn Schröder vorbei. Gleich wird der schwarze Riesenhund wieder wütend loskläffen, bestimmt! Wie jeden Tag, wenn Anton vorbeikommt. Anton berührt zufällig die Murmel in seiner Hosentasche. Seltsam. Heute steht der Hund hechelnd am Gartenzaun und wedelt freundlich mit dem Schwanz.

In der Schule ist auch einiges anders als sonst. Kaum stellt der Lehrer eine Frage, schon fällt Anton die absolut richtige Antwort ein. Dabei passt er doch gar nicht mal richtig auf, sondern spielt mit seiner neuen Murmel. Merkwürdig.

Als ihm Benni auch noch einen Fußballeraufkleber schenkt, kann sich Anton nur noch wundern.

Nach dem Mittagessen macht Anton es sich auf dem Sofa gemütlich. Da fällt ihm die Murmel in seiner Hosentasche wieder ein.

Wie schön sie glänzt! Anton hält die Murmel gegen das Licht und dreht sie zwischen den Fingern. Da beginnt sie zu strahlen und wird ganz warm in seiner Hand. Nur für einen winzig kurzen Moment.

„Ich wollte, Johannes wäre wieder mein Freund und ich könnte ihm diese Murmel zeigen!", wünscht sich Anton.

In diesem Augenblick läutet das Telefon.

„Es ist für dich!", ruft Mama aus dem Flur.

Anton rast hin und reißt ihr den Hörer aus der Hand. Es ist Johannes!

Johannes will sich gleich mit Anton auf dem Spielplatz treffen.

„Heute ist mein Glückstag!", denkt Anton. „Zuerst habe ich diese Glitzermurmel gefunden, und dann ..."

Es durchfährt Anton wie ein Blitz: die Murmel! Es ist die Murmel! Er braucht sich nur etwas zu wünschen und schon geht es in Erfüllung!

Anton ist auf einmal ganz aufgeregt. Als er Johannes von der Zaubermurmel erzählt, ist auch der ganz begeistert. Die beiden setzen sich zusammen auf die Spitze vom

Klettergerüst und überlegen, was sie sich alles wünschen könnten.

Dann fällt Johannes ein, dass er die Zaubermurmel ja noch gar nicht gesehen hat. „Zeig doch mal!", bittet er.

Anton greift in seine Hosentasche. Da ist die Kastanie drin, der Bindfaden und die Entenfeder …

Aber die Murmel ist nicht mehr da.

Johannes hilft Anton beim Suchen. Unter dem Klettergerüst, auf dem Spielplatz, auf dem Weg zum Spielplatz, in Antons Zimmer. Nichts! Die Murmel bleibt verschwunden.

Irgendwie auf dem Weg zu seinem neuen, alten Freund Johannes muss die Murmel aus Antons Hosentasche gerutscht sein. Ganz unbemerkt. Einfach so!

Aber vielleicht braucht Anton die Murmel jetzt ja auch gar nicht mehr?

Traumgeschichten

Wir heben den Piratenschatz

"Da vorne ist die Schatzinsel!", ruft Piratenkapitän Seeigel. "Volle Fahrt voraus!"

Kurze Zeit später legt sein Piratenschiff, die Dicke Berta, vor der Insel an. Sofort springen alle Piraten ins Wasser und schwimmen an Land.

"Jetzt heben wir den Piratenschatz!", freut sich Kapitän Seeigel und faltet die tropfende Schatzkarte auseinander.

"Wo liegt der Schatz denn?", fragt August Augenklappe, der erste Steuermann.

Seeigel studiert die Schatzkarte. Dann tippt er auf ein rotes Kreuz, das mitten auf die Karte gemalt ist. "Hier muss es sein. Zwischen diesen beiden Palmen. Auf geht's, Männer!"

Die Piraten stürmen los. Sie können es kaum erwarten, endlich einen Schatz zu finden.

Und weil die Schatzinsel nicht besonders groß ist, hat die Mannschaft von Kapitän Seeigel die beiden Palmen schnell entdeckt.

"Jetzt wird gegraben!", befiehlt der Kapitän und verteilt Spaten an die Piraten.

Die Piraten graben, bis ihnen der Schweiß die Holzbeine hinunterläuft.

August Augenklappe schnauft vor Anstrengung und wirft einen Blick in das tiefe Loch im Sand. „Bist du sicher, dass das die richtige Stelle ist, Chef?", fragt er.

„Na klar, du dumme Flunder!", schimpft der Kapitän und winkt mit der Schatzkarte. „Sonst wäre es doch hier nicht eingezeichnet."

Da macht es plötzlich „Plong!". Einer der Piraten ist mit seinem Spaten auf Holz gestoßen. Schnell springt August Augenklappe in das Loch und hievt eine alte Holzkiste nach oben.

„Der Schatz!", ruft Kapitän Seeigel und stürzt sich auf die Kiste. Doch als er sie öffnet, erwartet ihn eine Überraschung. „Nanu, was ist denn das?", fragt August Augenklappe und kratzt sich am Kopf.

„Lakritzschnecken!", ruft Seeigel. „Eine ganze Kiste voll! Von nun an müssen wir nie mehr hungern."

„Hurra!", jubeln die Piraten.

Stolz tragen sie den Schatz an Bord ihres Schiffes und segeln neuen Abenteuern entgegen.

Die Perlen der Prinzessin

Ritter Rosenstolz öffnet die Tür zum Burgverlies und schielt vorsichtig hinein. Puh, ist das dunkel hier! Zum Glück hat er daran gedacht, eine Kerze mitzubringen. Schnell zündet er sie an und betritt das Verlies. Die Kerzenflamme verbreitet flackerndes Licht und Schatten tanzen über die Wände. Alles ist voller Spinnweben.

„Igitt", murmelt Ritter Rosenstolz und bekommt unter seiner Rüstung eine Gänsehaut. „Ich hasse Spinnen!"

Am liebsten würde er gleich wieder hinauf ins Schloss laufen und mit der Prinzessin eine Tasse Tee trinken – aber das geht natürlich nicht. Schließlich steht seine Ehre auf dem Spiel. Prinz Klaus hat doch tatsächlich behauptet, dass Ritter Rosenstolz nicht genug Mut hat, um allein ins Burgverlies zu gehen und die Kette der Prinzessin zurückzuholen, die Prinz Klaus dort versteckt hat. Im Burgverlies wohnt nämlich das Schlossgespenst.

„So ein Quatsch! Natürlich trau ich mich!", hat Ritter Rosenstolz zu Prinz Klaus gesagt. „Und dann suche ich das Schlossgespenst und sag ihm, dass es nachts mal bei dir spuken soll!"

Die Kette der Prinzessin hat Ritter Rosenstolz schnell gefunden. Aber das Schlossgespenst lässt sich nicht blicken. Vielleicht spukt es heute ja auswärts.

Durch alle Ritzen der Rüstung spürt Ritter Rosenstolz die Kälte im Verlies. „Ich geh wieder nach oben", beschließt er zitternd. „Jetzt kann der blöde Klaus nicht mehr behaupten, dass ich ein Angsthase bin. Und für das Gespenst lasse ich eine Nachricht hier, falls es später zurückkommt."

Der Ritter holt ein Stück Kreide aus seiner Rüstung und schreibt in großen Buchstaben an die Wand:

„Hallo, Schlossgespenst!
Ich war hier, aber Du nicht.
Ich bin kein Angsthase.
Kannst Du nicht mal bei Klaus spuken?
Danke und viele Grüße
Dein Ritter Rosenstolz."

Zufrieden betrachtet der Ritter seine Nachricht. Dann dreht er sich um und geht zur Tür. Aber plötzlich weht ein Windhauch vom Flur herein und die Kerze geht aus.

„Mist!", ruft der Ritter und reißt vor Schreck die Arme hoch.

Dabei verhakt sich die Perlenkette in seiner Rüstung. Es macht „Ratsch!" und die Kette zerreißt. Alle Perlen kullern auf den Boden: „Pling, pling, pling!"

„Wie soll ich denn jetzt im Dunkeln die Perlen wiederfinden?", ärgert sich der Ritter. „Und außerdem kann ich mich mit meiner Rüstung ja kaum bücken!"

Ritter Rosenstolz überlegt. Dann hat er eine Idee. Vorsichtig schlüpft er aus seinen eisernen Schuhen, macht einen Schritt und tastet mit dem Fuß den Boden ab.

Da! Er spürt etwas Hartes unter seiner Fußsohle. Es ist klein und rund. Eine Perle! Rosenstolz macht noch einen Schritt. Diesmal findet er gleich zwei Perlen.

„Prima!", freut sich der Ritter. „Auch wenn ich so wahrscheinlich den ganzen Nachmittag brauche, bis ich alle Perlen gefunden habe."

Mit viel Geduld sammelt er tatsächlich alle Perlen auf. So rettet er seine Ehre und bekommt außerdem noch ein Küsschen von der Prinzessin.

Familie Wildschwein

Familie Wildschwein macht einen Waldspaziergang: Mama Wildschwein, Papa Wildschwein und die kleinen Wildschweine Wim, Wum und Wolle. Mama und Papa Wildschwein stampfen mit schweren Schritten durch den Wald.

Die drei Frischlinge hüpfen durchs Unterholz. Erst langsam, dann immer schneller.

„Fangt mich!", ruft Wim. Wum und Wolle jagen hinter Wim her, immer im Kreis.

Plötzlich bleibt Wim stehen. „Schaut mal, ein Kaninchenloch!", ruft er. „Ob da drin noch Kaninchen wohnen?" Sofort stecken die drei Wildschweine ihre Rüssel in das

Loch und fangen an zu graben. „Ich glaube, die Kaninchen sind ausgezogen", sagt Wim nach einer Weile.

Aber da hat Wolle schon etwas Neues entdeckt. „Kommt her!", ruft er. „Hier ist eine super Dreckpfütze."

Platsch! Schon springt Wolle in die Pfütze. Wim und Wum hüpfen hinterher und die drei kleinen Wildschweine suhlen sich ordentlich im Dreck.

Als die drei sich eine Weile hin und her gewälzt haben, sind sie von oben bis unten mit Schlamm bedeckt.

„Wie seht ihr denn aus?", fragt Mama Wildschwein und schüttelt den Kopf.

Da kommt plötzlich Wind auf. Er weht immer stärker und rauscht in den Blättern der Bäume.

Die ersten Regentropfen fallen vom Himmel, direkt auf die schmutzigen Rücken der Wildschweine.

Es regnet immer stärker, bis ein richtiger Platzregen auf die Wildschweine hinunterprasselt.

Mama und Papa Wildschwein stellen sich unter eine Tanne, damit sie nicht nass werden.

Aber die Wildschweinkinder finden den Regen klasse.

„Juchhu, es regnet!", grunzen sie und planschen in den Pfützen herum.

Aber da zuckt plötzlich ein Blitz über den Himmel und die kleinen Wildschweine laufen schnell zu ihren Eltern.

Kawumm! Ein lauter Donnerschlag dröhnt durch den Wald.

Zum Glück zieht das Gewitter schnell vorüber. Der Regen lässt nach. Und die Sonne kommt wieder heraus.

Die kleinen Wildschweine legen sich auf eine Lichtung im Wald und lassen sich von der Sonne trocknen. Das ist schön warm! Eins nach dem anderen schließt die Augen und kurze Zeit später sind alle drei eingeschlafen.

Mal ist es warm, mal ist es kalt

Der kleine Hund Benni liegt auf dem Rasen und döst in der Sonne. Benni fühlt sich wohl. Ihm ist mollig warm. Ist das gemütlich!

Doch plötzlich weht ein kühler Wind über den Rasen und verwuschelt Bennis Fell.

Benni öffnet die Augen, denn der kühle Wind hat ihn geweckt. Die Sonne ist hinter den Wolken verschwunden und hat ihre mollige Wärme mitgenommen. Und jetzt fängt es auch noch an zu regnen! Kalte Regentropfen fallen auf Bennis Fell.

Als der Regen aufhört, rennt Benni durch den Garten, damit ihm wieder warm wird. Puh, das ist ganz schön anstrengend!

Endlich verschwinden die dunklen Wolken und die Sonne kommt wieder heraus. Sie brennt auf Bennis Fell. Nun wird ihm sogar zu warm. Er braucht dringend eine Abkühlung und springt mit einem gewaltigen Satz in den Gartenteich, dass es nur so spritzt. Die Goldfische schwimmen erschrocken davon. Benni japst. Brrr, das Wasser ist ganz schön kalt!

Benni krabbelt schnell aus dem kalten Wasser und schüttelt sich. Dann läuft er ins Haus und hüpft in sein kuscheliges Körbchen direkt neben der Heizung. Langsam trocknet die Wärme sein Fell und ihm wird wieder schön warm. Die Wärme hüllt ihn ein wie eine Decke und ihm fallen die Augen zu. Schlaf gut, Benni!

Hoppels großer Tag

Das ist Hoppel, der kleine Hase. Hoppel will heute etwas unternehmen.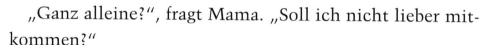

„Tschüss, Mama", sagt Hoppel zu Mama Hase. „Ich mache einen Ausflug in den Wald."

„Ganz alleine?", fragt Mama. „Soll ich nicht lieber mitkommen?"

Der kleine Hase schüttelt den Kopf.

„Nein, nein!", ruft er. „Ich bin doch schon groß und ich hab überhaupt keine Angst alleine im Wald."

„Na gut", sagt Mama. „Aber geh nicht zu weit weg."

Der kleine Hase hoppelt los.

Hoppel läuft über eine Wiese und schnuppert an den Blumen. Die riechen so gut, dass er vor Freude mit den Ohren wackelt.

Dann hüpft Hoppel zwischen den Bäumen hindurch ins Unterholz. Hier ist es ganz dunkel und still.

Aber was ist das? Hoppel hört ein Geräusch. „Knack, knack."

Wird er etwa von einem gefährlichen Tier verfolgt? Schnell duckt sich der kleine Hase und legt die Ohren an. Er macht sich ganz klein, damit ihn das gefährliche Tier nicht sieht.

Jetzt ist es wieder ganz still unter den Bäumen, das Geräusch ist verschwunden. Hoppel läuft weiter. „Knack, knack."

Hoppel bleibt stehen und lauscht. Doch alles ist still. Ängstlich wackelt Hoppel ein bisschen mit seinen Ohren.
Der kleine Hase hüpft weiter – und wieder knackt es. Als er stehen bleibt, ist nichts mehr zu hören.

Ach so! Jetzt weiß Hoppel Bescheid. Er wird gar nicht von einem gefährlichen Tier verfolgt! Es sind nur die Zweige, die beim Hoppeln unter seinen Pfoten knacken! Hoppel ist so erleichtert, dass er ein paar Luftsprünge macht.

Dann hoppelt er schnell nach Hause.

„Da bist du ja wieder", sagt Mama und gibt Hoppel einen Kuss. „Na, wie war dein Ausflug?"

„Super!", antwortet Hoppel.

„Hast du dich denn gar nicht gefürchtet, so ganz alleine im Wald?", will Mama wissen.

Hoppel schüttelt den Kopf und reckt sich in die Höhe. „Quatsch. Ich bin doch schon groß!"

Wo ist die goldene Kugel?

Prinzessin Agathe spielt am liebsten mit ihrer goldenen Kugel. Jeden Tag. Doch eines Morgens kann die Prinzessin ihre Kugel einfach nicht finden.

„So was Blödes", murmelt sie. „Wo hab ich bloß meine goldene Kugel gelassen? Vielleicht ist sie ja unter das Bett gerollt."

Sie schaut unter ihr großes Himmelbett, aber da liegt nur Staub. Dann sucht sie zwischen all den Spielsachen, die auf dem Fußboden herumliegen, im Kleiderschrank und sogar auf dem königlichen Klo. Aber die Kugel bleibt verschwunden.

Prinzessin Agathe nimmt ihre Krone ab und kratzt sich am Kopf. Sie denkt scharf nach.

„Wo hab ich die Kugel denn zuletzt gehabt?", überlegt sie laut. „Richtig – gestern im Garten, beim Fußballspielen mit den Hofdamen. Ich hab die Kugel ins Tor gekickt und das 1:0 geschossen. Dann hat der Diener zum Abendbrot geläutet und ich bin ins Schloss gerannt. Ich hab die Kugel bestimmt draußen liegen lassen!"

Schnell läuft Prinzessin Agathe

hinaus in den Garten. Sie sucht den ganzen Rasen ab – nichts. Auch zwischen den beiden Büschen, die immer als Tor dienen, kann sie die goldene Kugel nicht entdecken.

„Vielleicht ist die Kugel in den Schlossteich gerollt", überlegt die Prinzessin. „Ich hab's – ich frag einfach den Frosch. Der hat meine Kugel schließlich schon einmal aus dem Wasser geholt."

Sie läuft zum Teich und ruft: „Frosch! Frohosch! Wo steckst du?"

„Quak", macht es, und der Frosch hüpft aus dem Schilf. „Schrei doch nicht so, Prinzessin. Ich bin schließlich nicht schwerhörig. Was gibt's denn?"

„Ich hab meine goldene Kugel verloren", erklärt Prinzessin Agathe. „Hast du sie zufällig gesehen?"

„Schon wieder!", schimpft der Frosch. „Ich hab die Kugel doch erst letzte Woche für dich aus dem Teich geholt. Du solltest wirklich besser auf deine Spielsachen aufpassen."

„Ja, ja", sagt die Prinzessin ungeduldig. „Das mache ich ab sofort auch, versprochen. Hast du die Kugel jetzt gesehen oder nicht?"

„Na ja, ich will mal nicht so sein", sagt der Frosch gnädig. „Ich hab tatsächlich gestern eine goldene Kugel gefunden, das könnte deine gewesen sein. Komm mit!"

Der Frosch führt die Prinzessin zum anderen Ufer des Teiches.

Dort liegen im flachen Wasser säuberlich nebeneinander jede Menge goldener Kugeln und glänzen in der Sonne.

„Meine Kugelsammlung", sagt der Frosch stolz. „Die größte im ganzen Königreich. Hab ich in jahrelanger Arbeit zusammengetragen. Du kannst dir nicht vorstellen, wie viele schusselige Prinzessinnen es gibt, die ihre goldenen Kugeln verlieren. Aber bei mir sind sie gut aufgehoben."

„So viele goldene Kugeln auf einem Haufen hab ich ja noch nie gesehen!", sagt Prinzessin Agathe und macht große Augen.

Der Frosch nickt. „Das glaub ich gern. Du kannst dir deine raussuchen und mitnehmen – wenn du sie unter all den anderen Kugeln findest."

„Nein", die Prinzessin schüttelt den Kopf. „Das schaffe ich nie im Leben. Aber ich hab eine andere Idee: Ich schenk dir meine Kugel für deine Sammlung. Dafür darf ich mir jeden Tag eine andere Kugel zum Spielen bei dir ausleihen." Der Frosch quakt begeistert und so sehen sich die beiden von nun an jeden Tag und werden richtig dicke Freunde.

Teddy gesucht!

Paul hat seinen Teddy verloren. Als er abends ins Bett geht, kann er ihn nirgends finden.

„Wo ist Teddy?", fragt Paul. „Ohne Teddy kann ich nicht einschlafen."

„Vielleicht hast du ihn heute Nachmittag auf dem Spielplatz liegen lassen", meint Mama. „Wir schauen gleich morgen früh nach."

Am nächsten Morgen gehen Mama und Paul noch vor dem Kindergarten zum Spielplatz. Paul sucht im Sandkasten, bei den Schaukeln und oben auf der Rutsche. Aber Teddy ist nicht da.

„Bestimmt hat ein anderes Kind Teddy mitgenommen", sagt Paul und schluckt.

Er will nicht, dass Teddy bei einem anderen Kind lebt. Schließlich ist es sein Teddy.

„Heute Nachmittag gehen wir zum Fundbüro", schlägt Mama vor.

„Vielleicht hat jemand Teddy gefunden und dort abgegeben."

Mama holt Paul ganz früh vom Kindergarten ab. Pauls Freundin Lara kommt auch mit.

„Ich hab meinen Teddy verloren und brauche ihn dringend wieder", erklärt Paul dem Mann im Fundbüro. „Ist er vielleicht bei dir?"

„Diese Woche sind mehrere Teddys abgegeben worden. Wie sieht denn dein Teddy aus?", fragt der Mann.

„Er ist ungefähr so groß", sagt Paul und zeigt mit den Händen Teddys Größe. „Und er hat dunkelbraunes Fell."

„Hm", macht der Mann. „So sehen alle Teddys aus, die ich hier habe. Fällt dir sonst noch etwas ein?"

Paul überlegt. „Er hat eine blaue Hose an."

„Auf dem Bauch hat er eine Stelle mit hellbraunem Fell!", ruft Lara.

Paul sagt: „Das eine Bein hat Mama mal genäht, als Teddy es sich beim Spielen aufgerissen hat, und wenn man ihn auf den Kopf stellt, brummt er!"

Lara fügt hinzu: „Und die Nase ist ziemlich abgeschabt."

„Das war eine super Beschreibung", sagt der Mann vom Fundbüro. „Jetzt weiß ich, welchen Teddy ihr sucht." Er geht in das andere Zimmer und kommt mit Teddy zurück. „Ist er das?"

„Ja!", ruft Paul und nimmt Teddy in die Arme. „Da bist du ja endlich wieder, Teddy! Jetzt lass ich dich nie mehr los."

Hokuspokus, aufgeräumt!

Der kleine Zauberer spielt gerade mit seinen fliegenden Spielzeugautos, als seine Mutter ins Zimmer kommt.

„Wie sieht es denn hier aus?", ruft sie. „Zauberstab und Drachenei! Jetzt räumst du aber endlich dein Zimmer auf! Sonst finde ich dich heute Abend in dem ganzen Durcheinander gar nicht wieder."

„Ist doch praktisch, dann muss ich nicht ins Bett gehen", sagt der kleine Zauberer.

Aber Mama findet das leider gar nicht praktisch. „Nichts da! Jetzt wird aufgeräumt, aber dalli!"

Der kleine Zauberer schaut sich im Zimmer um und seufzt. Überall liegen Spielsachen herum: fliegende Spielzeugautos, verzauberte Bauklötze, sprechende Kuscheltiere und Buntstifte, die von alleine malen. Es dauert bestimmt eine Ewigkeit, bis er das alles weggeräumt hat. Dabei würde er viel lieber noch ein bisschen mit den Autos spielen.

Aber da fällt dem kleinen Zauberer etwas ein. „Ich bin doch ein Zauberer!", ruft er. „Ich zaubere den ganzen Kram einfach zurück ins Spielzeugregal!"

Er schwingt seinen Zauberstab, schließt die Augen und murmelt:

*„Hokuspokus, Fidibus,
jetzt ist mit dem Chaos Schluss!
Alle Sachen ins Regal,
Hokuspokus, Fidibal!"*

Als der kleine Zauberer die Augen wieder öffnet, lässt er enttäuscht den Zauberstab sinken.

„Mist, hat nicht geklappt", murmelt er.

Alle Spielsachen liegen noch genauso unordentlich auf dem Fußboden wie vorher.

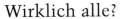

Wirklich alle?

Der kleine Zauberer runzelt die Stirn und betrachtet aufmerksam das Spielzeug. Das grüne Auto fehlt! Eben schwebte es noch neben dem roten Auto über dem Fußboden. Und jetzt? Jetzt liegt es ordentlich im Spielzeugregal!

„Also ist der Zauberspruch doch nicht so schlecht", sagt der kleine Zauberer und probiert es gleich noch mal.

Jetzt landet das rote Auto im Spielzeugregal. Beim nächsten Versuch braucht der kleine Zauberer eine Weile, bis er herausfindet, was er weggezaubert hat: die Buntstifte!

Der kleine Zauberer zaubert und zaubert, bis das ganze Zimmer tipptopp aufgeräumt ist.

Da steckt Mama den Kopf zur Tür herein. „Super! So ordentlich war es hier ja noch nie. Und? War doch gar nicht so schlimm, oder?"

Der kleine Zauberer grinst. „Nö. Hat richtig Spaß gemacht! Ich räum jetzt jeden Tag auf."

Und dann beschließt er, noch ein bisschen mit seinen fliegenden Autos zu spielen. Schließlich muss der kleine Zauberer auch morgen was zum Aufräumen haben.

Auf dem Bauernhof

An einem schönen Sommertag besucht die kleine Maus Agathe ihre Cousine Polly auf dem Bauernhof.

„Komm, ich zeig dir alles", sagt Polly zu Agathe.

Als die beiden am Misthaufen vorbeilaufen, hören sie plötzlich lautes Krähen: „Kikeriki! Kikeriki!"

„Das ist unser Hahn Herbert", erklärt Polly. „Der kann ganz schön laut krähen."

„Das kann ich auch", sagt Agathe und kräht los. Aber weil sie kein großer Hahn ist, sondern nur eine kleine Maus, klingt ihr Krähen ganz leise. „Kikeriki! Kikeriki!"

Polly macht auch mit und die beiden kleinen Mäuse krähen im Chor.

Dann trippeln die Mäuse zum Schweinestall. Dort liegt eine dicke Sau im Stroh, direkt neben dem Trog.

„Das ist Rosa, unser Schwein", sagt Polly zu Agathe.

Als Rosa die beiden Mäuse entdeckt, fängt sie laut an zu grunzen.

Von Rosas Grunzen angelockt, kommen ihre Ferkel angerannt. Es sind zehn Stück! Sie quieken alle durcheinander, das ist ganz schön laut.

„Gibt es auf eurem Bauernhof auch Kühe?", fragt Agathe neugierig.

Polly nickt. „Na klar, komm mit."

Die beiden Mäuse laufen zur Weide. Und tatsächlich – da steht eine große Kuh. Sie kaut in aller Ruhe ihr Gras und dann macht sie plötzlich: „Muh! Muh!"

„Das ist unsere Kuh Dora", erklärt Polly. „Und da hinten kommen Berta und Lila."

Die drei Kühe muhen jetzt zusammen um die Wette. Das klingt wie ein richtiger Kuh-Chor!

„Bei euch auf dem Bauernhof ist ganz schön was los", sagt Agathe zu Polly. „Ich glaub, ich brauche jetzt erst mal eine kleine Pause."

„Da weiß ich was", sagt Polly und läuft los.

Sie führt Agathe zu einer Wiese am Waldrand. Hier ist es ganz still. Die beiden Mäuse kuscheln sich nebeneinander ins Gras. Eine Biene fliegt mit einem leisen Summen über die beiden hinweg.

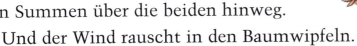

Und der Wind rauscht in den Baumwipfeln.

Bald fallen Agathe die Augen zu und sie schläft ein.

Aber was ist das für ein Geräusch? Es ist so leise, dass man es nur hören kann, wenn man ganz doll die Ohren spitzt: genau! Agathes leises Mäuseschnarchen.

Spukunterricht im Geisterschloss

Hoch oben auf dem Berg, im alten Schloss, schlägt die Turmuhr zwölfmal. Geisterstunde!

„Heute üben wir Spuken", sagt Gespensterlehrer Gruselmusel zu den kleinen Gespenstern. „Fliegt auf eure Plätze, gleich geht's los!"

Die kleinen Gespenster schweben aufgeregt im großen Rittersaal umher. Spuken ist ihr Lieblingsfach! Jedes Gespenst sucht sich schnell eine Ritterrüstung und schlüpft hinein.

Nur Kürbis ist mal wieder zu langsam. Für ihn bleibt nur die alte, verrostete Rüstung in der Ecke übrig, die sonst keiner haben will. Seufzend zwängt er sich hinein. Ob er die Spukübungen heute hinbekommt? Er wäre so gerne ein richtiges Spukgespenst.

„Auf geht's", sagt Herr Gruselmusel mit gespenstischer Stimme. „Zuerst klappern wir mit den Zähnen. Und zwar ganz leise!"

Herr Gruselmusel macht es vor.

Und die kleinen Gespenster klappern mit ihren kleinen Zähnen ganz leise.

„Und jetzt ganz laut!", ruft Herr Gruselmusel, und die kleinen Gespenster klappern so laut mit den Zähnen, wie sie nur können.

Das klingt ganz schön gruselig! Selbst Kürbis bekommt eine Gänsehaut.

„Zweite Spukübung: Kettenrasseln!", heult Herr Gruselmusel jetzt. Alle schnappen sich ihre Ketten und fangen an zu rasseln. Das macht viel mehr Lärm als das Zähneklappern. Kürbis' Kette ist so verrostet, dass sie eher quietscht als rasselt.

„Achtung, jetzt kommt das Gespensterheulen!", kündigt Herr Gruselmusel nach dem Kettenrasseln an. „Erst leise, dann immer lauter."

Die Gespenster legen gleich los. Erst ganz leise und dann immer lauter.

„Stopp!", ruft Herr Gruselmusel, und es wird mit einem Schlag wieder still im alten Rittersaal.

Kürbis atmet auf. Hoffentlich hat niemand gemerkt, dass sein Gespensterheulen ziemlich schief geklungen hat.

„Zum Schluss dürft ihr mit euren Ritterrüstungen klappern", sagt Herr Gruselmusel. „So laut ihr könnt. Auf die Plätze, fertig, los!"

Das lassen sich die kleinen Gespenster nicht zweimal sagen.

Die Gespenster veranstalten so einen Lärm, dass der alte Kronleuchter an der Decke des Rittersaals anfängt zu zittern.

Nur in Kürbis' Ecke bleibt es still. Er kann seine Rüstung nicht bewegen, weil sie so verrostet ist. Dabei würde Kürbis so gerne mitklappern! Mit letzter Kraft versucht er, ein rostiges Bein zu heben – da ertönt plötzlich ein furchtbar lautes Scheppern.

Kürbis' Ritterrüstung ist zusammengekracht! Kürbis wird zuerst knallrot und dann geisterbleich. Bestimmt lachen ihn gleich alle aus. Am liebsten würde er sich in Luft auflösen, aber das bringt ihnen Herr Gruselmusel erst nächstes Jahr bei.

Doch alle Gespenster halten vor Schreck den Atem an.
Es ist plötzlich ganz still im Saal.
So still, dass Kürbis sein Herz schlagen hören kann. Es schlägt ganz schnell: Bumm, bumm, bumm.

„Das war klasse, Kürbis!", meint Herr Gruselmusel, nachdem sich alle von dem Schreck erholt haben. „Eine super Gruselvorstellung! Du hast sogar mich erschreckt!"
Alle Gespenster klatschen und Kürbis' bleiches Gespenstergesicht läuft wieder knallrot an – aber diesmal vor Freude.

Bei Oma ist es gar nicht still

Heute übernachtet Lena bei Oma. Darauf hat sie sich die ganze Woche gefreut, aber jetzt liegt sie im Bett und kann nicht einschlafen. Erst dreht sie sich auf die rechte Seite, dann auf die linke. Schließlich legt sie sich auf den Rücken und zählt Schäfchen. Lena kann schon bis zwanzig zählen. Wenn sie bei zwanzig angekommen ist, fängt sie wieder von vorne an. Aber es hilft alles nichts.

„Oma!", ruft Lena. „Ich kann nicht einschlafen."

Oma kommt ins Zimmer. „Warum denn nicht?", fragt sie.

Lena überlegt. „Es ist so still hier. Ganz anders als zu Hause. Da höre ich immer die Stimmen von Mama und Papa im Wohnzimmer. Oder die Spülmaschine in der Küche. Oder die Autos auf der Straße. Oder den

Fernseher. Aber hier höre ich gar nichts. Keinen Mucks. Wie soll ich denn schlafen, wenn es bei dir so still ist?"

„Hm", macht Oma. „Das ist natürlich ein Problem. Aber vielleicht hast du einfach noch nicht richtig hingehört. So still ist es hier nämlich gar nicht. Mach mal die Augen zu, und spitz die Ohren. Du glaubst gar nicht, was du dann alles hörst!"

Lena glaubt wirklich nicht, dass es hier viel zu hören gibt. Schließlich liegt Omas Haus mitten auf dem Land. Hier fahren keine Autos vorbei und einen Fernseher hat Oma auch nicht. Trotzdem schließt Lena die Augen und lauscht in die Stille. Sie lauscht so angestrengt, dass sie das Gefühl hat, aus ihren Ohren würden kleine Antennen wachsen, die jeden noch so leisen Ton auffangen. Und tatsächlich! Nach einer Weile hört Lena ein Gluckern. Das ist die Heizung, durch die warmes Wasser läuft. Außerdem hört sie den Wind, der um das Haus pfeift, einen Ast, der gegen das Fenster schlägt, und einen Hund, der im Nachbardorf bellt.

Das Knarren des Fußbodens, als Oma auf Zehenspitzen aus dem Zimmer geht, hört Lena nicht mehr. Denn sie ist schon längst eingeschlafen. Gute Nacht, Lena!

Der Vorkoster des Königs

König Boris hat schlechte Launc. „Mein Spiegelei ist schon wieder angebrannt", schimpft er beim Mittagessen und schiebt seinen goldenen Teller weg. „Und der Spinat ist total verkocht. Das esse ich nicht!"

„Mir schmeckt's", sagt Königin Beatrix und nimmt sich noch etwas Spinat. „Immer mäkelst du am Essen herum. Warum stellst du nicht einen Vorkoster ein? Der probiert deine Speisen vorher und sortiert alles aus, was nicht schmeckt."

„Gute Idee", meint König Boris, und sein Gesicht hellt sich auf. „Das muss aber jemand mit einer besonders feinen Zunge sein. Ich hab's – wir veranstalten einen Vorkoster-Wettbewerb!"

König Boris lädt alle Vorkoster seines Königreichs ein und eine Woche später versammeln sich die Bewerber im großen Schlosssaal.

„Augen zu und nicht schummeln!", ruft König Boris. „Ich habe verschiedene Speisen zum Probieren vorbereitet. Wer die meisten am Geschmack erkennt, wird mein Vorkoster!"

Der König verteilt die ersten Häppchen und die Vorkoster kauen bedächtig.

„Na, was ist das?", fragt König Boris gespannt.

„Wildschwein mit Salzkartoffeln und Preiselbeersoße!", rufen die Vorkoster im Chor.

Der König nickt beeindruckt. „Stimmt! Sehr gut."

Auch bei den nächsten Durchgängen liegen immer alle Vorkoster richtig.

„Das wird schwierig", seufzt König Boris. „Ihr habt einfach alle eine ausgezeichnete Zunge! Aber vielleicht bringt ja die letzte Runde die Entscheidung."

Der König reicht die restlichen Häppchen herum.

Die Vorkoster sind sich mal wieder einig: „Spiegeleier mit Spinat."

Nur einer hat noch nicht geantwortet. Vorkoster Felix kaut erst in Ruhe zu Ende. Dann sagt er: „Falsch, meine Herren! Es handelt sich hier um angebrannte Spiegeleier und verkochten Spinat. Dieses Essen ist leider völlig ungenießbar."

König Boris klatscht vor Freude in die Hände. „Das stimmt!", ruft er. „Sehr gut! Felix hat gewonnen und wird ab sofort mein neuer Vorkoster!"

Riechen ist klasse!

Als Anna morgens aufwacht, kann sie nur durch den Mund atmen. Ihre Nase ist völlig verstopft. Sie hat Schnupfen.

„Heute gehst du besser nicht in den Kindergarten", sagt Mama beim Frühstück. „Du hast dich erkältet."

„Manno", murrt Anna. „Dabei wollten wir heute Tiere aus Kastanien basteln."

„Das kannst du morgen bestimmt auch noch machen", tröstet Papa und schmiert sich ein Leberwurstbrot.

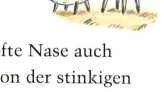

Jetzt merkt Anna, dass eine verstopfte Nase auch Vorteile hat: Heute riecht sie nichts von der stinkigen Leberwurst, vor der sie sich sonst immer so ekelt. Prima!

In dem Moment zischt es laut auf dem Herd.

„Oh nein!", ruft Papa und springt auf. „Die Milch ist übergekocht!"

Mama hält sich die Nase zu. „Igitt, das stinkt!"

Anna braucht sich nicht die Nase zuzuhalten. „Ich rieche nichts", sagt sie. „Ein Glück, dass ich gerade heute Schnupfen habe."

Nach dem Frühstück geht Anna ins Badezimmer. Sie nimmt das Parfum, das sie von Oma zum Geburtstag bekommen hat, aus dem Regal. Es duftet wie eine Sommerwiese mit ganz vielen Blumen. Anna öffnet das Fläschchen und hält es sich direkt unter die Nase, aber sie riecht – nichts. Enttäuscht stellt sie das Parfum weg. So was Blödes!

Als Anna etwas später in die Küche kommt, holt Mama gerade einen Kuchen aus dem Backofen.

„Mmh, das riecht gut", sagt Mama und schnuppert an dem Kuchen.

Anna schnuppert auch, aber sie riecht überhaupt nichts. Dabei ist es ihr Lieblingskuchen!

„Manno!", ärgert sie sich. „Der Schnupfen soll endlich weggehen. Es ist blöd, wenn man nichts riechen kann. Dann kriegt man zwar von den stinkenden Sachen nichts mit, aber dafür kann man auch die schönen Gerüche nicht riechen."

„Hier, probier mal", sagt Mama und legt Anna ein kleines Stück Kuchen auf den Teller.

Anna beißt hinein und kaut. Dann legt sie den Kuchen enttäuscht wieder auf den Teller zurück.

„Schmeckt nach gar nichts", schimpft sie. „Kommt das etwa auch vom Schnupfen?"

„Ja, leider", sagt Mama. „Geruchs- und Geschmackssinn hängen zusammen. Wenn die Nase verstopft ist, kann man auch nicht so gut schmecken. Ich heb dir ein Stück Kuchen für morgen auf. Da ist der Schnupfen bestimmt schon wieder besser."

Mama hat recht. Am nächsten Morgen kann Anna tatsächlich wieder ein bisschen durch die Nase atmen. Sie läuft sofort ins Bad und schnuppert an ihrem Parfum. Mmmh, das riecht gut!

Dann flitzt sie in die Küche und hält die Nase an den Kuchen. Er riecht nach Mehl, Butter und Zucker. Anna läuft das Wasser im Mund zusammen. Schnell beißt sie hinein. Lecker! Der Kuchen schmeckt genauso gut, wie er riecht.

„Ein Glück", murmelt Anna mit vollem Mund. „Riechen ist klasse!"

Glückwunsch, kleiner Bär!

Der kleine Bär freut sich: Heute hat er Geburtstag! Deshalb ist er schon ganz früh aufgewacht. Er springt aus dem Bett und läuft in die Küche. Ein Glück – Mama Bär ist auch schon aufgestanden.

„Guten Morgen, mein Schatz", sagt sie und gibt dem kleinen Bären einen Kuss auf jedes Ohr. „Herzlichen Glückwunsch zum Geburtstag! Heute gibt es dein Lieblingsfrühstück."

„Super!", ruft der kleine Bär und setzt sich an den Tisch. „Ich hab nämlich einen riesigen Geburtstagshunger."

Er nimmt sich eine dicke Scheibe Brot. Das Brot ist noch warm und riecht superlecker. Darauf schmiert der kleine Bär eine ordentliche Portion Butter.

Und dann kommt das Beste: drei große Löffel goldgelber Honig.

Lecker! Schwups – schon hat der kleine Bär sein Honigbrot aufgegessen. Mit der Zunge schleckt er sich den restlichen Honig vom Maul und von seinen Bärentatzen. Das schmeckt gut!

Mama reicht ihm einen großen Becher, aus dem Dampf aufsteigt.

„Hier, dein Kakao."

„Danke!" Der kleine Bär nimmt vorsichtig einen Schluck. Der Kakao ist noch ganz schön heiß!

Mama setzt sich zu ihm an den Tisch. Sie trinkt keinen Kakao, sondern Kaffee.

Nachmittags kommen alle Freunde vom kleinen Bären zur großen Geburtstagsfeier.

„Herzlichen Glückwunsch!", sagt Hanni Hase. „Hier, für dich! Habe ich selbst gepflückt."

Stolz überreicht sie ihm einen großen Strauß Blumen.

Der kleine Bär freut sich sehr über den bunten Strauß und steckt seine Nase mitten in die Blumen. „Die duften aber toll!"

„Ich hab auch noch ein Geschenk für dich!", ruft Stinki Stinktier und holt ein kleines Päckchen aus seiner Tasche.

„Was ist das denn?", fragt der kleine Bär und reißt das Geschenkpapier ab.

Dann sieht er es: Es ist ein Fläschchen mit Parfum.

Nachdem der kleine Bär alle Geschenke ausgepackt hat, setzen sich die Geburtstagsgäste an den Kaffeetisch.

Der kleine Bär fragt: „Wer möchte ein Stück von meinem Geburtstagskuchen?"

„Ich!" – „Ich!", rufen die Geburtstagsgäste. Und im Nu haben sie den ganzen Kuchen weggeputzt.

Dann spielen sie alle Lieblingsspiele des kleinen Bären: „Topfschlagen", „Fang den Bär" und „Bär, ärgere dich nicht".

Als es Abend wird, schenkt Mama Bär jedem Gast zum Abschied noch einen frischen Apfel.

„Tschüss!", ruft der kleine Bär und winkt seinen Freunden nach. „Und vielen Dank für die tollen Geschenke!"

Als er später im Bett liegt, gähnt der kleine Bär und sagt schläfrig: „Das war mein aller-allerschönster Geburtstag!"

Dann schläft er zufrieden ein.

Kuschelgeschichten

Mia schnurrt

Mia hat vier Samtpfoten, graue Tigerstreifen und eine weiße Schnauze. Mia ist die Katze von Miriam und ihre beste Freundin.

Heute muss Miriam wieder in den Kindergarten. Sie sitzt in der linken Ecke vom Sofa und versucht, eine Schleife in ihre Schnürsenkel zu machen. „Mia, rutsch doch mal!" Mia denkt nicht daran. Sie sitzt auf Miriams Schoß und macht sich extra noch schwerer. „Mia!", sagt Miriam streng. „Ich muss jetzt wirklich los." Aber es hilft nichts. Miriam muss Mia hochheben und auf den Boden setzen. Beleidigt versteckt Mia sich unter dem Sessel.

Doch kaum ist Miriam aus dem Haus, springt Mia zurück aufs Sofa. Sie schabt in der linken Ecke, dreht sich so lange um sich selbst, bis sie die rundum gemütlichste Position gefunden hat. Dann klappt sie die Pfoten ein und rollt den Schwanz um ihren Körper. Mia seufzt. Jetzt heißt es warten, stundenlang warten. Bis Miriam kommt. Langsam senken sich ihre Lider und Mia schläft ein.

Sie träumt einen schönen Traum, in dem Miriam klettern kann wie eine Katze. Zusammen laufen sie beide nachts über die Dächer. Mia zeigt Miriam das schönste Dach mit der schönsten Aussicht auf den großen, runden Mond. Sie erzählen sich Geschichten, denn in Mias Traum kann Miriam auch miauen wie eine echte Katze. Dann singen sie ein wundervolles Katzenlied zusammen, während Miriam sanft über Mias Fell streicht.

„Hey, Mia! Rutsch mal!" Was war das? Mia öffnet verschlafen die Augen. Vor ihr sitzt Miriam, die gerade aus dem Kindergarten zurückgekommen ist. „Hast du wieder den ganzen Tag geschlafen? Also, wirklich! Ich habe schon so viel erlebt. Soll ich erzählen?"

Mia freut sich, dass Miriam wieder da ist. Sie steht auf, schüttelt sich kurz und geht dann zur rechten Ecke vom Sofa. Miriam setzt sich in die linke Ecke, genau dahin, wo Mia gerade noch geschlafen hatte. So machen sie das jeden Tag.

„Oh, ist das schön warm hier!" Miriam macht es sich gemütlich. Und eh sie sich versieht, sitzt Mia schon auf ihrem Schoß. Mia rekelt und streckt sich und kuschelt sich dicht an Miriams Bauch.

„Guck mal: Im Kindergarten habe ich ein Bild gemalt. Von dir und mir, wie wir auf dem Dach sitzen und den Mond anschauen ..." Während Miriam erzählt, streichelt sie über Mias getigertes Fell. Mia schnurrt. Wenn Miriam da ist, dann werden die schönsten Träume wahr.

Unter Wasser

Platsch! Der kleine, weiße Stein ist in den Fluss gefallen. Er wird vom Strom mitgerissen und weiß gar nicht, wie ihm geschieht. Es ist so nass und kalt im Fluss.

„Hallo! Wer bist denn du?" Ein Fisch in schillernden freundlichen Farben kommt auf den kleinen, weißen Stein zugeschwommen.

„Ich bin vom Flussufer", antwortet der kleine Stein. „Noch nie war ich woanders als bei den anderen Ufersteinen am Rand der großen Wiese."

„Ach so!" Der schillernde Fisch schlägt mit seinen Flossen. „Da hast du aber Glück, dass du in den Fluss gefallen bist. Willkommen bei uns im Wasser!"

Der kleine, weiße Stein fröstelt. „Ja, muss ich denn hierbleiben? Das Wasser ist so nass."

„Herrlich kuschelig nass!", ruft der Fisch und schwimmt einmal um den kleinen Stein herum.

Kuschelig? Kuschelig ist, wenn einem die Sonne heiß auf den trockenen Steinrücken scheint.

„Ach!" Der kleine Stein seufzt. „Wie gern würde ich jetzt wieder draußen am Rand der großen Wiese liegen."

„Komm! Ich nehme dich mit und wir schwimmen zusammen zum Ufer." Der freundliche Fisch nimmt den kleinen Stein zwischen seine Flossen. „Doch vorher will ich dir noch den Fluss zeigen. Unsere einmalig fantastische Welt unter Wasser."

Mit dem kleinen Stein zwischen den Flossen bricht der Fisch auf zu einer Abenteuerreise. Sie schwimmen durch aufregende Unterwasserhöhlen, lassen sich von den Schlingpflanzen streicheln und besuchen die schönen Flusssteine.

„Jetzt hast du alles gesehen", sagt der freundliche Fisch, als sie sich von den Flusssteinen verabschiedet haben. „Willst du wirklich nicht bei uns im Wasser bleiben?"

Der kleine Stein denkt nach. „Es ist toll hier bei euch im Fluss. Und das Wasser kann wirklich kuschelig sein. Aber es ist auch so – kalt."

„Ich verstehe", sagt der Fisch. „Du gehörst ans Land.

Aber ich bringe dich nur hinaus, wenn du versprichst, mein Freund zu bleiben."

Das verspricht der kleine Stein gerne. „Wenn es mir draußen zu heiß wird, kommst du dann und holst mich?"

„Bestimmt!", verspricht der Fisch. Und mit einem starken Flossenschlag wirft er den kleinen Stein hinaus aus dem Fluss.

Klack – landet der kleine Stein bei den anderen Steinen am Rand der großen Wiese.

„Hallo!", begrüßen sie ihn erfreut. „Gut, dass du wieder da bist!"

Und dann merkt der kleine, weiße Stein, dass die Sonne den ersten Tropfen auf seinem Rücken trocknet.

Das Kuschelbuch

Marie besucht ihre Freundin Hanna. Sie darf sogar bei ihr übernachten.

Die beiden sitzen in Hannas Zimmer und spielen eine Runde Memory nach der anderen.

„Nach dem Spiel ist aber wirklich Schluss!", sagt Papa, als er schon zum dritten Mal hereinkommt. „Wenn ich in zehn Minuten wiederkomme, dann liegt ihr im Bett. Verstanden?"

„Ja, ja", sagt Hanna und dreht die nächste Karte um. Sie hat ein Pärchen.

Als alle Karten aufgedeckt sind, haben Hanna und Marie gleich viele Pärchen.

„Dann machen wir eben morgen weiter", beschließt Marie. Sie holt ihren Rucksack, in dem die Schlafsachen eingepackt sind.

„Hast du einen Schlafanzug oder ein Nachthemd?", fragt Hanna.

„Ein Nachthemd. Mit roten Blumen." Marie zeigt es ihr. Dann zieht sie einen Stoffbären aus dem Rucksack. „Und meinen Kuschelbären habe ich mitgebracht. Er heißt Bruno. Wie heißt deiner?"

„Der heißt gar nichts", antwortet Hanna, während sie ihren Schlafanzug über den Kopf zieht. „Ich habe nämlich keinen."

„Nein? Was hast du denn dann für ein Kuscheltier?" Marie knuffelt ihren Bruno.

Hanna geht zu ihrem Bett und steckt den Kopf unter die Decke. Sie scheint etwas zu suchen. Nach einer Weile taucht sie wieder auf und hält ein Bilderbuch in der Hand.

„Ich habe das hier", sagt sie stolz. „Es heißt: ‚Bela, der Baum'. Und es darf jede Nacht in meinem Bett schlafen."

Marie muss laut lachen. „Das ist doch kein Kuscheltier! Das ist ein Buch!"

Hanna nimmt das Buch von Bela, dem Baum, fest in ihren Arm. „Na und?", sagt sie. „Dann ist es eben ein Kuschelbuch."

„Das geht nicht", meint Marie. „Es ist hart und eckig. Kuschelig sind nur weiche Sachen."

Aber Hanna findet das egal. „Hauptsache, man hat es lieb", sagt sie und krabbelt mit ihrem Buch ins Bett.

Marie schaut ratlos ihren Bruno an.

„Willst du unter meine Decke kommen?", fragt Hanna. „Ich zeig dir mein Buch. Und dann wirst du es bestimmt auch lieb haben."

Marie und Bruno kriechen zu Hanna unter die Decke. Hanna erzählt ihnen die Geschichte von Bela, dem Baum. Marie und Bruno sehen sich die Bilder an.

Und alle finden es wahnsinnig kuschelig.

Aua!

Anne und Papa hängen das Bild auf, das Anne gemalt hat. Anne steht auf einem Stuhl und hält das Bild, während Papa versucht, einen Nagel in die Wand zu schlagen.

„Aua!", schreit Papa.

Er hat mit dem Hammer genau auf seinen Daumen getroffen. Anne sieht, dass der Daumen ganz rot ist.

„Verflixt noch mal! Diese blöden Nägel!", schimpft Papa. Er hüpft auf einem Bein und schüttelt seine Hand, damit sie abkühlt.

Anne stellt das Bild ab und klettert vom Stuhl. „Soll ich dich trösten?", fragt sie.

„Nein, nein, ist schon gut", sagt Papa. Seine Stirn ist in tiefe Falten gezogen und die Zähne sind fest zusammengebissen.

„Tut es denn nicht weh?", will Anne wissen. Es würde ihr wirklich nichts ausmachen, Papa zu trösten.

„Na, was meinst denn du?", ruft Papa aufgebracht. „Der Riesenhammer hat mich mit voller Wucht getroffen!"

Irgendwie kann Anne Papa nicht verstehen. „Und warum weinst du dann nicht?"

Papa nimmt einen neuen Nagel und hält ihn mit seinem roten Daumen an die Wand. „So, jetzt hängen wir mal das Bild auf. Man kann ja nicht bei jeder Kleinigkeit anfangen zu weinen."

Anne sieht, wie Papa den Hammer hochhebt, Schwung holt und – wieder seinen Daumen trifft.

„Aua! Aua! Mir reicht's mit diesen Nägeln!" Vor Wut schmeißt Papa den Nagel in die Ecke.

Anne mag es nicht, wenn Papa schimpft. Sie läuft raus und schnell ins Badezimmer. Dort findet sie im Schränkchen die Kiste mit dem Verbandszeug.

Als Anne zu Papa zurückkommt, sitzt der ganz zerknirscht auf der Erde. Anne kniet sich neben ihn.

„Zeig mal deinen Daumen!", sagt sie und nimmt Papas Hand. Der Daumen sieht nicht gut aus, er ist blau angeschwollen.

„Das kommt davon, weil ich dich nicht getröstet habe", meint Anne. „Nur wenn man richtig getröstet wird, dann wird es auch wieder gut." Sie nimmt eine Verbandrolle aus der Kiste und beginnt, Papas Daumen zu verarzten.

„Tröstest du mich denn jetzt?", fragt Papa kleinlaut.

Erst wickelt Anne den Verband bis zum Ende um den kranken Daumen. Dann nimmt sie Papa in den Arm. Sie streicht sachte über seinen Kopf, immer wieder. Und dabei singt sie: „Heile, heile Segen, drei Tage Regen, drei Tage Sonnenschein, alles wird wieder gut sein!"

Papa lehnt seinen Kopf an Annes Schulter. „Es ist schon viel besser."

„Siehst du!", sagt Anne zufrieden. „Und das Bild, das hängen wir morgen auf."

Nils und sein Schnuffeltuch

Nils macht keinen Schritt ohne sein Schnuffeltuch. Es kommt mit in den Kindergarten, mit zum Spielplatz, mit zum Einkaufen, mit aufs Dreirad, und sogar beim Essen liegt es neben Nils auf dem Tisch. Mama findet das eklig, aber Nils findet das völlig richtig so.

Er hat auch sein Schnuffeltuch in der Hand, als Oma zu Besuch kommt. „Hallo, Nils!", sagt Oma. „Ich habe dir etwas Tolles mitgebracht!"

Sie überreicht Nils einen riesengroßen Teddy. Er ist so groß, dass Nils – mit dem Teddy im Arm – Oma nicht mehr sehen kann.

Am nächsten Morgen will ihn unbedingt Oma in den Kindergarten bringen. Als sie aufbrechen, fragt Oma so oft, ob Nils seine Handschuhe angezogen, die Mütze aufgesetzt und die Jacke zugeknöpft hat, dass Nils ganz durcheinanderkommt. Und zum ersten Mal im Leben lässt Nils sein Schnuffeltuch zu Hause liegen.

Im Kindergarten hält Nils es kaum aus ohne sein Schnuffeltuch. Alle drei Minuten fragt er, wie lange es noch dauert, bis er endlich abgeholt wird. Erst nach einer Ewigkeit kommt Oma. Auf dem Nachhauseweg läuft Nils so schnell, dass Oma ganz aus der Puste ist.

„Wo ist mein Schnuffeltuch?", ruft Nils, sobald Mama ihm zu Hause die Tür aufmacht.

„Dein Schnuffeltuch? Ähm, ja …"

Nils hat das Gefühl, dass etwas Schlimmes passiert ist.

„Hast du es etwa ... gewaschen?", fragt er vorsichtig. Nils hasst es, wenn sein Schnuffeltuch gewaschen wird, weil es dann nach Waschmittel riecht und überhaupt nicht mehr nach Nils.

„Nein, ich habe es nicht gewaschen."

Nils atmet erleichtert auf. Doch dann sagt Mama noch etwas: „Ich habe es weggeworfen."

Einen Moment lang bleibt Nils wie versteinert stehen. Dann rast er, ohne ein Wort, davon.

„Du hast doch jetzt den Teddy von Oma!", ruft Mama ihm nach. Aber Nils antwortet nicht mehr.

Mama und Oma suchen nach Nils. Sie suchen in seinem Zimmer, auf dem Klo, im Keller und auf dem Dachboden. Nirgendwo ist er zu sehen. Erst als ihnen gar nichts anderes mehr einfällt, gehen Mama und Oma in die Küche.

„Oh nein!", ruft Oma erschrocken. Auf dem Küchenboden ist der gesamte Müll ausgebreitet: Bananenschalen, Milchtüten, Blumenerde und Schokoladenpapier. Und mitten in diesem Chaos sitzt Nils. In der Hand hält er sein Schnuffeltuch und er sieht ziemlich glücklich aus.

„Dürfen wir dein geliebtes Schnuffeltuch jetzt wenigstens waschen?", seufzt Mama.

Das erlaubt Nils, aber nur als einmalige und ganz bestimmt allerletzte Ausnahme.

Das liebe Gespenst

Max und Lea sind allein zu Hause. Draußen ist es schon dunkel.

„Ich geh mal in mein Zimmer. Wehe, du störst mich!", sagt Lea und steht auf.

„Ach, bitte! Kannst du nicht lieber hier bei mir bleiben?", fragt Max. Ihm ist ein bisschen unheimlich.

Aber Lea ist groß, die hat keine Angst. Sie geht einfach raus und lässt Max in dem dunklen Wohnzimmer sitzen.

Es ist ganz ruhig. Nur die alte, große Uhr tickt. Max wünscht sich, dass endlich Mama und Papa zurückkommen und viel Krach machen. Er schaut zur Tür und wartet, aber niemand kommt.

Max wird das Warten zu lange. Er geht in den Flur und klopft an Leas Tür.

„Ich hab gesagt, du sollst mich nicht stören!", schreit Lea sofort.

Da geht Max wieder zurück ins Wohnzimmer. Er setzt sich auf den Sessel und macht sich ganz klein. Ihm kommt es vor, als ob die Uhr immer lauter ticken würde. Er hält sich die Ohren zu, damit er die Uhr nicht mehr hört. Und er schließt die Augen, damit er die Dunkelheit nicht mehr sieht.

„Uuaah!" Plötzlich ertönt ein lauter Schrei. Max macht die Augen auf: Vor ihm steht ein Gespenst! Vor lauter Angst ist Max wie erstarrt.

Das Gespenst hüpft hin und her. „Na? Was macht denn dieser Junge hier so alleine?", fragt es mit einer fürchterlichen Stimme.

Max nimmt all seinen Mut zusammen und ruft: „Geh weg, Gespenst!"

„Ich bin doch ein liebes Gespenst!", sagt das Gespenst und weht mit seinem Gewand. „Ich tu dir nichts. Ich will nur ein bisschen kuscheln."

Max überlegt, ob er weglaufen soll. Doch da setzt sich das Gespenst schon zu ihm auf den Sessel. „Wenn du mit mir kuschelst, dann erzähl ich dir auch eine Geschichte."

Eigentlich ist Max ein Gespenst immer noch lieber als

die tickende Uhr im Dunkeln. Vorsichtig nimmt er es in den Arm.

„Mhm! Das ist schön", sagt das Gespenst und schmiegt sich an Max. „Also, jetzt erzähl ich dir ein Märchen. Es waren einmal Brüderchen und Schwesterchen …"

Max hat das Gefühl, als ob er das Gespenst schon lange kennen würde. Und das Gewand sieht irgendwie aus wie ein Bettlaken. Max hebt es hoch. Unter dem Gewand ist kein Gespenst, sondern seine Schwester Lea!

„He! Was machst du da?", ruft sie und lacht.

Max ist wütend. „Lea! Du bist gemein!" Aber dann muss er auch lachen.

„Ich mach auch alles wieder gut", verspricht Lea. Und sie erzählt Max ein schönes, langes Märchen.

Der Drache und die Maus

"So, jetzt wollen wir mal schlafen gehen", sagt Mama und trägt Julian zu seinem Bett.

Julian schreit laut: "Nein! Nein! Ich will nie wieder schlafen! Sonst kommt der Drache."

"Der Drache?"

Julian erzählt, dass er letzte Nacht einen Traum hatte. Der Traum war so schrecklich, dass er sich gar nicht traut, daran zu denken. Ein Drache kam darin vor. Er war riesengroß und verfolgte Julian, wohin er auch ging. Aus seinen großen Nüstern spie er Feuer, wild flackernde Flammen, die Julian beinahe berührt hätten.

Mama versteht, dass Julian vor dem bösen Drachen Angst hat. „Da gibt es nur eins", sagt sie. „Wenn der Drache dir Angst macht, dann musst du ihm auch Angst machen."

„Das geht doch nicht!" Julian muss gleich weinen. „Ich bin so klein und der Drache ist sooo groß. Der hat nie im Leben Angst vor mir."

Mama geht zu Julians Spielsachen und zieht die kleine Stoffmaus heraus. „Lass doch die Maus in deinem Bett schlafen", sagt sie und drückt Julian die Stoffmaus in den Arm. „Ich verspreche dir, sie wird dich beschützen."

Julian steckt die Maus unter seine Decke und hält sich gut an ihrem Ohr fest. Nach einer Weile wird er müde und schläft ein.

Julian träumt. Er träumt von einem wunderschönen Zauberland, durch das er mit seiner Stoffmaus spazieren

geht. In dem Traumland gibt es nur liebe Tiere: Schmetterlinge, Flamingos und Marienkäfer.

Doch plötzlich ertönt ein lautes, gefährliches Gedonner! Mit einer zischenden Feuerflamme kommt der Drache in den Traum und sieht Julian böse an.

Julian flüstert seiner Maus ins Ohr: „Bitte, du musst mir helfen!"

„Keine Angst, Julian", sagt die Maus. „Lass mich nur machen." Die Maus holt tief Luft und plustert sich auf. Sie wird ganz dick und ihr Fell sträubt sich in alle Richtungen.

Julian sieht, wie der Drache plötzlich immer kleiner

wird. Er hat eine solche Angst vor der kleinen, mutigen Maus, dass er schrumpft, bis er Julian gerade mal noch bis zu den Schnürsenkeln reicht.

So einen Minidrachen findet Julian gar nicht mehr schlimm. Er geht einfach an ihm vorbei und erkundet weiter mit seiner Maus das schöne Zauberland.

Als Mama am nächsten Morgen zu Julian kommt, um ihn zu wecken, fragt sie, ob Julian wieder geträumt habe.

„Ja, einen schönen Traum", sagt Julian und merkt, dass seine Hand noch immer das Ohr der Maus festhält.

Ringo, der Pinguin

Ringo, der kleine Pinguin, ist im Juli geboren. Es ist Winter in der Antarktis und Ringo kuschelt sich abwechselnd an Mama und Papa.

„Das Eis ist schon ein bisschen geschmolzen!", ruft Ringos Papa aufgeregt, als er eines Abends vom Fischfang zurückkehrt. „Jetzt ist der Weg zum Futterholen nicht mehr so weit."

Ringo freut sich. Jetzt darf er endlich in den Pinguinkindergarten.

Viele kleine Pinguine watscheln über das Eis. Sie wollen alle zur großen Eisscholle.

„Na komm, Ringo!", ruft Mama. „Wir rutschen."

Sie hat sich auf den Bauch gelegt und Ringo springt auf ihren Rücken. So flitzen sie zwischen den unzähligen schwarz-weißen Pinguinen hindurch, bis sie in der Mitte der Eisscholle ankommen.

„Hier kannst du bleiben!", ruft Ringos Papa, der atemlos angewatschelt kommt. „Bis bald! Wir holen dich wieder ab." Mama und Papa wollen jetzt Futter für Ringo suchen. Er bleibt so lange im Kindergarten bei den anderen kleinen Pinguinen.

Um Ringo herum scharen sich immer mehr Pinguine. Dichter und dichter rücken sie zusammen, bis Ringo bald nichts mehr sehen kann. Ein Pinguin vor ihm wärmt Ringos Bauch. Und einer, der hinter ihm steht, wärmt seinen Rücken.

Es ist lausig kalt. Ringo zieht seinen Schnabel ganz nah an seinen Körper. Er rutscht noch etwas zu seinem Vordermann, sodass kein einziger Luftzug mehr zwischen ihnen hindurchpasst.

„Das gefällt mir", denkt Ringo. „Über unseren Köpfen tobt ein Eissturm. Aber wenn ich mich ankuschle, ist es warm, als wäre Sommer."

Doch mit einem Mal zischt der Wind über Ringos kleinen Rücken. Er zittert vor Kälte. Der Pinguin, der hinter ihm war, ist weggelaufen. Jetzt steht Ringo am äußersten Rand der großen Pinguinherde.

„Ich friere", wimmert Ringo.

„Du musst noch warten", murmelt der kleine Pinguin neben ihm. „Gleich dürfen wir in die Mitte laufen."

Das Warten hält Ringo kaum aus. So sehr hat er noch nie gefroren.

Doch dann ruft der kleine Pinguin neben ihm: „Eins, zwei, drei – los!"

So schnell er kann, watschelt Ringo an allen Pinguinen vorbei und kämpft sich bis in die Mitte der Pinguine vor. Dort schmiegt er seinen kalten Rücken an einen warmen Pinguinbauch.

„Geschafft!", denkt Ringo erleichtert. Von dem eisigen Wind ist nichts mehr zu merken. Und langsam spürt Ringo, wie es ihm wieder schön kuschelig warm wird.

Ein richtiges Kuscheltier

Heute hat Nicky Geburtstag. Sie steht vor der verschlossenen Wohnzimmertür und spitzt ihre Ohren. Drinnen bereiten Mama und Papa alles für die Feier vor. Ob vielleicht ein „Miau" zu hören ist? Oder ein leises „Wuff-wuff"?

Nicky drückt ihr Ohr noch fester an die Tür. Sie hat sich nämlich ein Tier zum Geburtstag gewünscht, ein richtiges, lebendiges Tier. Plötzlich wird die Tür aufgerissen.

„Zum Geburtstag viel Glück!", singen Papa und Mama. Im Wohnzimmer steht ein Kuchen mit fünf brennenden Kerzen.

Nicky tritt näher und schaut sich vorsichtig um. Sicher kommt gleich eine kleine Katze aus der Ecke geflitzt und will von Nicky gestreichelt werden.

Mama und Papa haben das Lied zu Ende gesungen. „Du musst die Kerzen auspusten und dir dabei etwas wünschen!", ruft Mama aufgeregt.

Nicky versteht das einfach nicht. Es kommt auch kein Hund auf sie zugesprungen, der mit dem Schwanz wedelt und Nickys Hand ablecken will.

Papa schiebt Nicky zu ihrem Geburtstagstisch. „Komm! Willst du dir nicht dein Geschenk anschauen?"

Und da sieht Nicky es: Neben dem Kuchen mit den Kerzen steht eine Holzkiste auf dem Tisch und in der Holzkiste ist – eine Schildkröte.

Nicky holt tief, tief Luft. Sie pustet die Kerzen aus und wünscht sich, dass das alles nicht wahr ist. Ein Tier zum Kuscheln wollte sie haben, wenigstens ein Meerschweinchen oder einen Hamster. Aber ein weiches Fell sollte es haben, das man streicheln kann.

„Na, jetzt lernt euch erst mal kennen", sagt Papa. Er hebt die Schildkröte aus der Holzkiste und setzt sie vor Nickys Füße. Vor Schreck hat die Schildkröte ihren Kopf und ihre Beine schnell in den Panzer gezogen.

Mama reicht Nicky ein Blatt Salat. „Hier, du musst sie wieder herauslocken!"

Lustlos hält Nicky das Salatblatt vor den Panzer.

„Weißt du schon einen Namen für sie?", fragt Papa.

„Wie soll ich ihr einen Namen geben, wenn sie sich vor mir versteckt?", denkt Nicky. „Meine Katze, die hätte ich Schnurri genannt."

Und während Nicky mit ihren Gedanken weit weg ist, bei Katzen und Hunden und Meerschweinchen, da stupst plötzlich etwas an ihren Finger. Es ist die Schildkröte, die langsam ihren Kopf aus dem Panzer gestreckt hat.

„Sie hat dich geküsst!", lacht Mama. „Sie wollte wohl Guten Tag sagen."

Nicky lächelt. Eigentlich gehört Küssen auch zum Kuscheln. Sie hebt ihre Schildkröte hoch und schaut ihr in die Augen.

„Guten Tag", sagt Nicky. „Was hältst du davon, wenn ich dich Schnurri nenne?"

Dschungelgeschichten

Bongola findet einen Freund

„Ich krieg dich noch!", ruft Bongola, der kleine schwarze Panther, und jagt hinter Faa, dem flinken Affen, her. Hier unten, am Waldboden des Dschungels, kennt sich Bongola gut aus. Er springt über die großen Wurzeln der Bäume. Fast hätte er Faa am Schwanz gepackt! Doch der springt plötzlich mit einem Satz in die Höhe. Mit seinen kräftigen Fingern umklammert er eine Liane und schaukelt jetzt über Bongolas Kopf hin und her.

„Na warte!", sagt Bongola. Er versucht, auch hoch in die Lianen zu springen. Doch seine Tatzen finden an den dünnen Zweigen keinen Halt. „Hilfe, ich rutsche!", ruft Bongola erschrocken und landet am Boden, mitten in einer Ameisenstraße.

Da tobt plötzlich die wilde Affenhorde durch die Baumkronen. „Ich muss mit!", ruft Faa und verschwindet wie ein Blitz.

„So ist es jedes Mal", denkt Bongola traurig. „Wenn Faa die Affenhorde hört, lässt er mich allein. Und mit wem soll ich jetzt spielen?"

„He, du da unten! Willst du auch ein paar süße Beeren?"

Erstaunt hebt Bongola den Kopf. Ein Papagei mit bunten Federn schaut zu ihm herunter.

„Mach deinen großen Mund auf!", ruft er wieder und lässt ein paar Beeren direkt in Bongolas Maul fallen.

„Mmh, sehr lecker", sagt Bongola und fährt sich mit der Zunge über die Lippen.

„Ich heiße Lori", sagt der Papagei. „Wenn du willst, bringe ich dir morgen noch mehr Beeren. Jetzt aber möchte ich erst mal schlafen. Rutsch mal ein bisschen, damit ich Platz habe."

Er hüpft ganz nah an den kleinen schwarzen Panther heran. Er zupft ein wenig an Bongolas Fell.

„Hack mich nicht mit deinem Schnabel!", sagt der kleine schwarze Panther.

„Keine Sorge, ich pass schon auf", gurrt Lori leise. „Wie heißt du eigentlich?", fragt er.

„Ich bin Bongola."

„Bitte, Bongola, bleib heute Nacht bei mir! Ich habe

mich hier unten im Dschungel verirrt und bin ganz allein", gurrt Lori zutraulich.

Stolz richtet sich Bongola auf. „Wenn du mein Freund sein willst, beschütze ich dich", sagt Bongola. Aber Lori hört ihn schon gar nicht mehr. Er ist längst eingeschlafen.

In dieser Nacht betrachtet Bongola noch lange seinen Freund. „Wie klein Lori ist", denkt er. „Aber wie laut sein Herz schlägt!"

Die Schlange

Bongola liebt es, tagsüber in seiner Höhle zu liegen, vor sich hin zu dösen und zuzuhören, wie Lori ihm ein Lied vorsingt.

Aber heute hält es Lori nicht lange in der dunklen Höhle aus. „Wie kannst du nur am Tag so lange schlafen!", schimpft er. „Ich fliege mal ein bisschen in die Baumkronen!" Lori hüpft ins Freie.

„Viel Spaß", brummt Bongola ihm müde nach.

Lori fliegt zum Licht. Hoch oben in den Bäumen besucht er die leuchtenden Blüten und die bunten Schmetterlinge.

„Ah, der hübsche Lori ist hier!", zischt plötzlich der Zweig vor ihm. Lori sieht, wie er sich bewegt, zwei gelbe Schlangenaugen funkeln ihn an.

„Das ist gar kein Zweig", denkt Lori entsetzt, „das ist eine Schlange!" Erschrocken hüpft er zurück und versteckt sich hinter einer Blüte.

„Ich habe gehört, wie du dem Panther ein Lied vorgesungen hast!", zischt die Schlange wieder.

Lori bringt vor Schreck kein Wort heraus.

„Du brauchst vor mir keine Angst zu haben, du dummer Papagei. Hüte dich lieber vor Bongola. Er wird dich nämlich fressen, wenn du groß und dick genug bist. Weißt du das denn nicht?"

„Bongola ist mein Freund", sagt Lori jetzt. „Der frisst mich nicht!"

„Noch nicht, aber bald!", zischt die Schlange.

„Und wenn die Schlange recht hat?", denkt Lori plötzlich. „Bongola hat so scharfe Zähne!"

„Ich will deine Freundin sein, Lori. Wenn du mir auch so ein schönes Lied vorsingst, will ich dich vor dem gefräßigen Panther verstecken. Ich werde dich gut einwickeln!"

Zögernd hüpft Lori näher an die Schlange heran. „Vielleicht hast du wirklich recht. Wenn du mich vor Bongola versteckst, singe ich!", sagt er. Langsam schlängelt sich die Schlange um Lori herum.

Inzwischen wird Bongola in seiner Höhle unruhig. „Wo bleibt mein Freund so lange?", denkt er. „Ich werde ihn suchen gehen."

„Lori!", ruft er durch den Dschungel. Er schaut hoch in die Zweige. Er weiß, dass dort die Schlange wohnt.

Und schon sieht er sie! Sie hat Lori schon fast eingewickelt. Bongola faucht laut und ruft: "Lori! Die Schlange will dich fressen! Flieg weg, schnell!"

In letzter Minute begreift Lori, dass die Schlange ihn belogen hat. Schnell rettet er sich auf Bongolas Rücken.

"Siehst du, Bongola ist doch mein Freund!", ruft Lori der Schlange aus sicherer Entfernung zu.

Das Spiegelbild

Bongola sitzt am Fluss und schaut ins Wasser. Erstaunt betrachtet er sein Spiegelbild. „Wie kommt es nur, dass mich ein Panther aus dem Fluss anschaut?" Vorsichtig patscht er mit der Tatze auf das Wasser. Da kommt Lori angeflogen.

„He, Bongola, was machst du da? Fängst du Fische?", ruft er.

„Guck mal ins Wasser", sagt Bongola geheimnisvoll. Lori setzt sich auf Bongolas Schulter. Im Wasser hat sich jetzt ebenfalls ein Papagei auf die Schulter des Panthers gesetzt. Fasziniert starren beide auf die Wasseroberfläche.

„Das ist ein Dschungelwunder!", gurrt Lori, so leise er kann. „Die beiden im Wasser sehen genauso aus wie wir."

„Und schau mal, sie machen uns sogar alles nach", sagt der kleine Panther.

Lori knabbert an Bongolas Ohr herum. Auch der Papagei im Wasser knabbert am Ohr des Panthers.

„Au, hör auf!", faucht Bongola. „Das mag ich nicht."

„Hast du gesehen? Der Papagei da unten hat den Panther auch gebissen", wundert sich Lori.

„Ich will mal sehen, ob der Panther im Wasser auch ein paar Kunststücke kann", sagt Bongola und stellt sich auf die Hinterbeine. Der Panther im Wasser macht ebenfalls Männchen.

„Ja, toll!", krächzt Lori. Dann hebt Bongola eine Tatze, und jetzt sogar ein Bein! Er fängt an zu tanzen! Der Panther im Wasser tanzt auch, von einem Bein auf das andere.

Die Affen in den Zweigen klatschen Beifall.

„Na, was sagst du dazu, Lori, sind wir nicht toll?", fragt Bongola stolz.

Lori will den tanzenden Wasserpanther ganz genau sehen. Dummerweise beugt er sich auf Bongolas Schulter zu weit nach vorn. Er verliert das Gleichgewicht und fällt mit einem Platsch ins Wasser. Das Spiegelbild zerspringt in tausend Tropfen.

„Hilfe, ich kann nicht schwimmen!", kreischt Lori.

Aufgeregt flattert er mit den Flügeln. Doch die sind so nass, dass er nicht mehr fliegen kann.

„Lori, was machst du da? Warte, ich komme!", ruft Bongola.

Mit einem Satz springt er ins Wasser. Schnell taucht er unter, damit sich Lori auf seinen Rücken setzen kann. Dann schwimmt er vorsichtig wieder ans Ufer.

Lori zetert fürchterlich: „Meine schönen Federn sind jetzt ganz nass. Schau nur, wie sie herunterhängen. Daran sind nur die beiden Wassertiere schuld!"

In der Sonne lassen sie sich wieder trocknen. Lori plustert sein buntes Federkleid auf. Bongola wälzt sich im heißen Sand. Das macht Spaß!

„Ob das der Wasserpanther jetzt auch macht?", fragt er sich. „Ich werde einmal nachsehen!"

Gewittersturm

"Was ist denn bloß los?", fragt sich Lori auf seinem Sitzplatz in der Astgabel und bestaunt die in großer Eile dahinziehenden Ameisen. Sie kommen von hoch oben aus den Baumkronen und laufen nun den Baumstamm hinunter.

„Flieg schnell nach Hause, Lori, der Sturm kommt! Wir hören schon, wie er heransaust!", wispern sie ihm zu.

Lori schaut besorgt hinauf in den Himmel. Wirklich, eine dunkle Wolkenwand kommt immer näher. Sie wird von einem tiefen Donnergrollen begleitet. „Ich muss Bongola warnen!", denkt Lori.

Er flattert zu ihm. Bongola sitzt auf einer dicken Baumwurzel.

„Wir müssen uns vor dem schlimmen Sturm ver-

stecken, ich habe die dunkle Wolkenwand schon gesehen!", sagt Lori.

„Vor dem Sturm habe ich doch keine Angst, ich bleibe hier", prahlt Bongola. Da wird es auf einmal ganz still im Dschungel. Alle Tiere verstummen. Nirgends raschelt es mehr in den Blättern.

Aber gleich darauf bricht der Sturm mit aller Macht los. Er rüttelt heftig in den hohen Bäumen. Er pfeift durch die Zweige. Laub, Früchte und morsche Äste fallen herunter auf den Waldboden. Der Regen rauscht mächtig auf das Blätterdach und auf die kleine Lichtung vor Bongolas Höhle. Loris Flügel werden ganz nass und schwer. Nur mit Mühe kann er zur Höhle hüpfen und sich unter den Eingangsspalt ducken.

„Komm auch her!", ruft er Bongola zu.

„Ich bin doch kein Angstpanther!", ruft der zurück und bleibt einfach auf der Baumwurzel sitzen. Wie Feuerzeichen zucken jetzt auf einmal Blitze am Himmel über der Lichtung.

Bongola schließt die Augen. Vor Feuer fürchtet er sich sehr. Da fährt der Sturm mit Gewalt in die Krone des Riesenbaumes, unter dem er sitzt. Der Stamm bewegt sich, er ächzt und stöhnt. Jetzt lockern sich sogar die Wurzeln! Bongola macht einen Satz ins hohe, nasse Gras. Der große Baum stürzt mit einem Riesenkrach zu Boden. Dort, wo Bongola gerade gesessen hat, ragt nun der Wurzelstock in die Höhe.

Da wird es auf einmal wieder ganz still im Dschungel.

Der Sturm ist weitergezogen. Nur schwere Regentropfen fallen noch herab. Lori hüpft zu Bongola ins nasse Gras. „Wenn nun der Baum auf dich gefallen wäre, was dann?", fragt er. „Du musst besser auf dich aufpassen. Schließlich brauche ich noch lange einen Freund!"

Die Falle

Lori sitzt auf Bongolas Rücken und lässt sich von ihm durch den Dschungel tragen. Die Luft ist schwül.

„So weit waren wir noch nie!", krächzt Lori in Bongolas Ohr. Da bleibt Bongola auf einmal stehen. In der feuchten Erde hat er eine fremde Spur entdeckt.

„Das sind Spuren von Menschenfüßen!", sagt Lori aufgeregt. „Was die hier wohl wollten?"

Bongola springt über die riesigen Wurzeln. Er springt über grüne Zweige, die auf dem Waldboden liegen. Mit den Vorderpfoten kommt er sicher am Boden auf, doch

seine Hinterpfoten rutschen! Sie rutschen in ein tiefes Loch, das unter den Zweigen verborgen war.

„Hilfe, eine Falle!", krächzt Lori ganz erschrocken. Bongola versucht mit aller Kraft, aus dem tiefen Loch herauszuspringen. Aber es gelingt ihm nicht.

„Warte, Bongola, ich hole Hilfe!", ruft Lori und fliegt los.

Er trifft den Ameisenbären. „Bitte, hilf meinem Freund, er ist in eine Falle geraten!" Der Ameisenbär trottet hinter Lori her, bis sie an der Falle ankommen. Er versucht, Bongolas Pfote mit dem Rüssel zu erreichen, aber die Falle ist zu tief.

„Du musst den Elefanten suchen. Der ist groß und stark. Zusammen werden wir es schaffen", sagt der Ameisenbär.

Wieder fliegt Lori los. Er trifft den Elefanten. „Bitte,

Elefant, hilf meinem Freund, er ist in eine Falle geraten!" Der Elefant geht hinter Lori her, bis sie an der Falle ankommen.

Bongola sitzt ganz still und traurig in dem tiefen Loch. „Wir schaffen es!", ruft ihm Lori zu. Der Elefant stellt sich ganz nah an den Rand der Falle. Langsam, ganz langsam zieht der starke Elefant Bongola mit seinem Rüssel nach oben. Endlich hat er es geschafft.

„Danke für eure Hilfe!", sagt Bongola. „Ohne euch wäre ich da nie wieder herausgekommen."

„Hier sind noch mehr Fallen!", ruft Lori aufgeregt. „Was machen wir mit ihnen?"

Da hat Bongola eine Idee: „Wir zerstören sie, damit anderen Tieren nichts passiert."

Bongola, Lori, der Ameisenbär und der Elefant machen sich gleich an die Arbeit. Sie ziehen und zerren die Äste und Zweige von den Fallen fort. Das ist ganz schön anstrengend. Die besonders schweren Äste rollt der dicke Elefant mit seinem Rüssel zur Seite. Vier Fallen können sie noch aufdecken.

Am Abend sind sie ziemlich erschöpft, aber glücklich.

„Gemeinsam sind wir eben stark", piepst Lori und fliegt zufrieden auf Bongolas Rücken.

Quellenverzeichnis

S. 12–53
Leicht veränderte Auszüge
aus: Johanna Friedl,
Tanz mit auf der Blumenwiese,
farbig illustriert von Vanessa Paulzen

S. 56–79
Leicht veränderte Auszüge
aus: Sabine Kalwitzki,
Flieg mit auf der Kuschelwolke,
farbig illustriert von Hildegard Müller

S. 82–103
Leicht veränderte Auszüge
aus: Sabine Kalwitzki,
Fühl die warmen Sonnenstrahlen,
farbig illustriert von Hildegard Müller

S. 106–143
Leicht veränderte Auszüge
aus: Maja von Vogel,
Hörst du den leisen Streichelwind?,
farbig illustriert von Vanessa Paulzen

S. 146–179
Auszüge aus: Milena Baisch,
Kuschelgeschichten,
farbig illustriert von Sven Leberer

S. 182–201
Auszüge aus: Annelies Schwarz,
Tiergeschichten,
farbig illustriert von Michael Schober